J新書 17

英語の音がどんどん聞き取れる

魔法のリスニング

英語の耳づくりルール120

リサ・ヴォート
Lisa Vogt

Jリサーチ出版

☆はじめに☆

いつも取りこぼしていた英語の音が どんどん耳に入ってくる

私たちがホンモノの英語をなかなか聞き取れないのは、ネイティブが普段づかいで話すスピード（ナチュラルスピード）に慣れていないからです。ネイティブがナチュラルスピードで話すときは、2つまたは3つの語をつなげて、1つのかたまりのように勢いよく発音します。だから1つ1つの英単語の発音を知っているだけでは聞き取ることができないのです。

本書では、日常英会話で使われる言葉に特有の「発音」の中から、ごく基本的なもの、よく使われているものを取り上げました。日本人の学習者が苦手な語と語の音をつなげることで生じる「音の変化」を、一から学びやすいようにまとめてあります。リスニング初心者の方でもナチュラルスピードで練習できるように工夫していますので、独学で十分に習得できます。

発音記号や難しい法則は使わず、ナチュラルな英会話で必ず行われている音の連結（リエゾン）や音の消失（リダクション）を沢山の例でご紹介しています。たとえば、in an hour ➡ in nan nawer、give me ➡ gimme のように、最も自然な発音が身につくようアルファベットで示しています。

英語には日本語にはない音が沢山あります。補助的にカタカナの発音を付けていないのは、カタカナではホンモノの英語の発音を示しきれないからです。はじめからアルファベットの音で練習しておくことが、基礎を固めるには必要で、それはスピーキングのときにも大いに役に立ちます。

日常の身近なシーンばかりを切り取って録音してありますので、ぜひCDを繰り返し聞いて、耳慣らしと口慣らしをしてみてください。すると、いつの間にか自然に、これまで耳に入ってこなかった英語がわかるようになってきます。そうすれば、聞き取れないと構えないでもっと気軽にネイティブとの会話を楽しむことができ、気持ちの通じ合うコミュニケーションを築いていただけることと思います。

リサ・ヴォート

☆本書の使い方☆

英語の耳づくりルールを身につければ、これまで耳に入ってこなかった英語がわかるようになります。

本書ではネイティブスピーカーが普段使っている「話し言葉」を取り上げ、書き言葉と比較してどんな音に変わっているかを紹介しています。聞こえてくる音をアルファベット文字で表記していますが、本来の英単語のつづりをベースとした表記ですので、元の単語の発音と聞き比べるとよりわかりやすくなります。また、より効果的にリスニング力をつけていただくために、次のような順番で進めていくことをおすすめします。なお、本書ではアメリカ英語の発音を基本としています。

STEP 1 まず最初はページを見ずに、CDに収録されている見出し語句の音声を聞いてみましょう。 ゆっくり&ナチュラルスピードの2回流れます

▼

STEP 2 次に見出し語句を見ながらもう1度CDを聞いてみましょう。すぐ下の【実際はこう聞こえる】にはアルファベットで実際の聞こえ方を表記しています。どの言葉がどう変化するかチェックしてください。

▼

STEP 3 今度は「Listen carefully!」を見ながら例文をCDで聞いてみましょう。ここではネイティブの会話が実際に使われている表現を取り上げています。色分けされた箇所を中心に、どのように聞こえてくるのかを耳に定着させてください。 ゆっくり&ナチュラルスピードの2回流れます

▼

STEP 4 耳が慣れてきたら、「リスニングUPのポイント」へ進みましょう。上で練習したリスニング・ポイントを解説しています。難しい法則や発音記号は一切使わずわかりやすい解説に徹しています。

▼

STEP 5 各Lessonで14～20の〈英語の耳づくりルール〉がありますので、順番に身につけていきましょう。

STEP 1～2

音がつながるとどんな音になるのか、CD で聞いてみよう。

must have been

意味 ～だったにちがいない

実際はこう聞こえる ➡ **muhstabin**

Listen carefully!

CD 2

①大変だったでしょう。
It must have been difficult.
muhstabin

②簡単だったでしょう。
It must have been easy.
muhstabin

③きっとそれが問題だったのよ。
That must have been the problem.
muhstabin

④彼女きっと妊娠していたのね。
She must have been pregnant.
muhstabin

⑤きっとあの人たちが取ったのよ。
They must have been the people who took it.
muhstabin

STEP 3

ネイティブが日常使う表現はこんな感じに聞こえます。

リスニング UP のポイント

英語では h の音が消えてしまうことがよくあります。have の場合も同様で h の音が消えて ave となり、その前の must とつながって muhstave と聞こえます。さらに ve の音も、日常会話の中では聞こえるか聞こえないかくらいの弱い音になるので、全体では muhstabin と聞こえてきます。

STEP 4～5

なぜこれほど音が変化してしまうのか、解説を読んで頭でも理解しておきましょう。

STEP 6

各 Lesson の〈英語の耳づくりルール〉を学んだあとは、【エクササイズ】のページに進みましょう。身近によく聞く会話文やナレーションがネイティブの自然な口調で収録されています。文中にはその課で学んだ表現すべてが入っていますので、聞き取れるようになっているか挑戦してみましょう。右ページには対訳がついています。

STEP 7

さいごに【エクササイズ】をシャドーイングしてみましょう。聞こえてくる会話やナレーションを追いかけるように、聞こえるまま英語を口にする方法です。耳が鍛えられる上に、実際に英語を発音することで、どこが聞こえないのか、自分の弱点が発見しやすくなります。

エクササイズ

LONG TIME NO SEE

CD 9

Chris: So, I guess living in NYC must have been really cool.

Jane : It was OK. Last year was pretty tough because I broke up with my boyfriend.

Chris: Wait a minute. You had a boyfriend?

Jane : Yes. Is that so hard to believe?

Chris: No. I didn't mean that. It's just that you didn't have a boyfriend when I knew you before.

Jane : That was a long time ago, Chris.

Chris: Yes. Why don't you come see soccer practice?

Jane : It's OK?

Chris: Sure, why not? You know, I'm getting kind of hungry.

Jane : Me too. Let's go get something to eat.

久しぶり

クリス　：ニューヨーク暮らしなんて、すっごくおもしろかったんだろうな。

ジェーン：まあね。去年はボーイフレンドと別れたから結構つらかったけど。

クリス　：えっ、ボーイフレンドがいたの？

ジェーン：そうよ、そんなに不思議かしら？

クリス　：いや、そういうわけじゃないけど、前に会ったときはボーイフレンドがいなかったから。

ジェーン：そんなのすごく前のことじゃない、クリス。

クリス　：そうだね。あのさ、あしたの午後サッカーの練習を見に来ない？

ジェーン：いいの？

クリス　：もちろん！　ねえ、僕ちょっとお腹が空いたよ。

ジェーン：私も。何か食べに行きましょうか。

STEP 6～7

ダイアローグや長めのナレーションでも音を聞き取ることができるか、力を試しましょう。

CD はすべて ゆっくり➡ナチュラルスピード と２度ずつ英語が流れます。
(【エクササイズ】はナチュラルスピードのみ)

★「聞こえてくる音」の表記について★

本書では日常の会話で聞こえてくる英語の音をアルファベットで文字表記しています。いずれもローマ字つづりではなく、英語の発音を元に、聞こえてくる音を文字に置き換える方法をとっています。下記の表記例を参考にしてください。

what you → wha chu

本書で最も多く表記されているパターンです。日常会話では what の t とその後にくる you がつながるため chu と聞こえ、what は t のない音、つまり wha が残ります。したがって全体で wha chu と聞こえる音を、元の英単語のつづりと発音をもとに、また変わってしまう音はその音に近い英語のつづりをあてています。

them → em、until → til

本来発音されるべき頭の音が消えて聞こえなくなります。

teaching → teachin、jumping → jumpin

ing の g など、本来発音されるべき最後の音が飲み込まれるように消えて、聞こえなくなります。

again → agen、remember → member

a や re のように小さく表記されている部分の音は、実際には聞こえるか聞こえないかくらい弱く発音がされます。

must have been → muhstabin

最初は「マ」のように聞こえますが、mast（船の帆柱）のようなはっきりした a の音ではなく、もっと息が抜けた控えめな a の音については、その音に近い h で表記しています。

☆目 次☆

Lesson 4

Lesson 5

Lesson 6

Lesson 7

Lesson 8

Lesson 1

must have been

pretty

because

wait a

had a

yes

is that

hard to

just that you

don't you

it's OK

you know

kind of

let's go

must have been

意味
～だったにちがいない

実際はこう聞こえる ➡ **muhstabin**

Listen carefully!

CD 2

①大変だったでしょう。
It must have been difficult.
muhstabin

②簡単だったでしょう。
It must have been easy.
muhstabin

③きっとそれが問題だったのよ。
That must have been the problem.
muhstabin

④彼女きっと妊娠していたのね。
She must have been pregnant.
muhstabin

⑤きっとあの人たちが取ったのよ。
They must have been the people who took it.
muhstabin

リスニングUPのポイント

英語ではhの音が消えてしまうことがよくあります。haveの場合も同様でhの音が消えてaveとなり、その前のmustとつながってmuhstavと聞こえます。さらにveの音も、日常会話の中では聞こえるか聞こえないかくらいの弱い音になるので、全体ではmuhstabinと聞こえてきます。

pretty

意味 きれい、かなり

preddy

Listen carefully!

CD 2

① 僕、わりとテニスがうまいんだよ。
I play tennis pretty well.
preddy

② 彼女ってとってもきれいだよね。
She's so pretty.
preddy

③ もうすぐとても寒くなるよ。
Pretty soon it'll get really cold.
preddy

④ けっこう彼女大きいよね。
She's pretty big.
preddy

⑤ こんなところかな。
That pretty much sums it up.
preddy

リスニングUPのポイント

pretty は話すと tty の箇所が ddy と変化して聞こえることがあります。厳密にはtty とddy の間ですが、アメリカ英語はddy に近いです。日本語の「かわいい」にあたるイメージもありますが、それを言うなら cute の方がぴったりきます。

because

意味 なぜなら

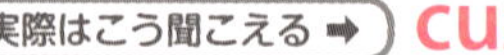

cuz

Listen carefully!

CD 3

①私は行けないわ。だってお金が足りないの。
I can't go because I don't have enough money.
cuz

②なんでそうなの？
Because why?
cuz

③彼女を愛しているから彼はそうしたのよ。
He did it because he loved her.
cuz

④クルマが故障したので彼女は歩いたのよ。
She walked because her car broke down.
cuz

⑤外国に行くから、英語を勉強しているの。
I'm studying English because I'm going abroad.
cuz

リスニング UP のポイント

because は -cause の音節にアクセントがあるため、前のアクセントがおかれない be がほとんど消えてしまって cuz のように聞こえます。cuz はとてもよく使われ、このつづりのまま、コミックなどによく出てきます。

wait a

意味 待つ

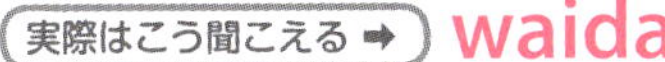

waida

Listen carefully!

CD 3

①もうちょっと待ってて。

Wait a little more, please.
waida

② 2、3日したら開けて。

Wait a few days before you open it.
waida

③もう少し待ってください。順番がきたらお呼びしますから。

You'll have to wait a little while. You'll be called
waida
when it's your turn.

④ちょっと待って…。何かヘンだ。

Wait a minute! Something's not right.
waida

リスニングUPのポイント

語尾がtの音で終わる単語の次にaがくると、daの音に聞こえます。また、tとaがつながってtaのように聞こえることもあります（実際にはdaとtaの中間の音です）。このように音が変わって聞こえるものは非常にたくさんあるので、このパターンに耳を慣らしておきましょう。

had a

意味 ～する、～である

実際はこう聞こえる ➡ **hada**

Listen carefully!

CD 4

①今朝、歯が痛かったの。
I had a toothache this morning.
hada

②あなたが本当にカメレオンを飼っているなんて信じてなかったわ。
I didn't believe you really had a chameleon!
hada

③結構です。ランチをたくさん食べたので。
No, thank you. I had a big lunch today.
hada

④あの家には小さな台所があったわ。
The house had a small kitchen.
hada

⑤ええ、運転する前に少し飲みました。
Yes, I had a few drinks before driving.
hada

リスニングUPのポイント

語尾がdの音で終わる単語の後ろにaがくると、これらがつながってdaと聞こえます。またtaと聞こえることもよくあります。日常会話では頻繁（ひんぱん）に耳にするパターンです。

yes

意味 うん

実際はこう聞こえる ➡ yeah

Listen carefully!

CD 4

①あれ見た？　うん、見た。
Did you see that? Yes, I did.
yeah

②よし、今年の冬は南極に行こう！
Yes, let's go to Antarctica this winter!
yeah

③ああ、僕もそう思うよ。
Yes, I think so too.
yeah

④わかるけど、絶対に間違いないの？
Yes, but are you absolutely sure?
yeah

⑤な～に？
Yes?
yeah

リスニングUPのポイント

yeahはyesの音が変化したというよりも、よりくだけた会話でyesの代わりにとてもよく使う表現です。yesは言い方により、かしこまった場では「はい」、気軽な会話では返事や相づちの「うん」という両方のニュアンスで使えますが、yeahは気軽な場でしか使われません。

is that

意味 それは〜か？

実際はこう聞こえる ➡ izat

Listen carefully!

①それ、本物のロレックス？

Is that a real Rolex?
izat

②そう思ってる？

Is that what you think?
izat

③そうなの？

Is that right?
izat

④あれがあなたの言っている人？

Is that the man you're talking about?
izat

⑤あなたが買ったミシンってそれ？

Is that the sewing machine you bought?
izat

リスニングUPのポイント

that の th の音が消えてしまい、その前の is とつながって izat とひとつの単語のように聞こえます。このように th の音が消えてその前の単語とつながって聞こえることはよくあります。よく使われる this も同様で is this は izis と聞こえます。

hard to

意味 ～は難しい

実際はこう聞こえる ➡ **harda**

Listen carefully!

CD 5

①日本語を話すのは難しいよ。
It's hard to speak Japanese.
harda

②バイオリンをうまく弾くのは難しい。
It's hard to play the violin well.
harda

③奥さんのことを理解するのは大変だと思う？
Do you think it's hard to understand your wife?
harda

④それをするのは大変だ。
That's hard to do.
harda

⑤ご飯を炊(た)くのがこんなに難しいなんて！
I can't believe it's so hard to cook rice.
harda

リスニング UP のポイント

日常会話では to は ta と聞こえることがよくあります。ここでは hard の語尾の音 d とつながって da の音に聞こえます。このパターンもとてもよく聞かれるので、d + to → da をよく耳に慣らしておきましょう。

just that you

意味　あなたはただ～

実際はこう聞こえる ➡ **jus' thachu**

Listen carefully!

CD 6

① 君はまだ若いってことよ。
It's **just that you** are still so young.
jus' thachu

② 君はそれを知らなかった、それだけのこと。
It's **just that you** didn't know about it, that's all.
jus' thachu

③ あなたってちょっと純粋なところがあるからね。
It's **just that you** are sometimes a bit too naive.
jus' thachu

④ あなたは私にとって、とても大切な存在だってことなの。
It's **just that you** mean a lot to me.
jus' thachu

リスニング UP のポイント

just の最後の t の音は消えてしまいます。you はその前の単語の語尾が t の音の場合、つながって chu と聞こえます。ですから全体で jus'thachu のように聞こえます。また、you は ya と発音されることもあるので、その場合は t ＋ ya → cha と聞こえます。

don't you

意味 ～じゃない？

donchu

Listen carefully!

CD 6

① 1年中秋だったらいいと思わないかい？
Don't you wish it was autumn all year around?
donchu

② 来年、行ったらいいんじゃない？
Why don't you go next year?
donchu

③ できると思わない？
Don't you believe that it's possible?
donchu

④ 彼と結婚したら？
Why don't you marry him?
donchu

⑤ 僕の代わりに郵便局へ行ってくれないかな～。
Why don't you go to the post office for me.
donchu

リスニング UP のポイント

先ほどと同じように、don't の最後の音 t と you がつながって chu と聞こえてきます。cha と聞こえることもあるのも同様です。Why don't you…? は「なぜ～しないの？」と理由を尋ねる時に使われることもありますが、会話では「～すればいいのに」という提案の意味としても使われます。

it's OK

意味 いいよ

実際はこう聞こえる ➡ ts 'K

Listen carefully!

CD 7

①そうしてもいいよ。

It's OK to do that.
ts 'K

②大丈夫。心配しないで。

It's OK… Don't worry.
ts 'K

③ポップコーンの味はどう？　まあまあ。

How's the popcorn? It's OK.
ts 'K

④この美術館で写真を撮ってもいいなんて信じられない。

I can't believe it's OK to take photos in this museum!
ts 'K

⑤大丈夫だって？　そんなわけないでしょ？

It's OK? How can it be OK?
ts 'K

リスニングUPのポイント

通常、日常会話ではit isは短縮されてit'sで話されます。ここではit'sの頭の音のiが省略されてつまったtsの音だけが聞こえます。さらにOKのOも完全に消えてしまうのでts'Kのように聞こえます。

you know

意味（あいづち）

y'know

Listen carefully!

CD 7

①だからね、僕はいつも君のことを思っているんだよ。

You know, I really think of you often.
y'know

②ねえねえ、彼女っていい娘じゃない？

You know, she's kind of nice.
y'know

③いやあ、この間はどうもありがとう。

You know, I want to thank you for the other day.
y'know

④う～ん、そのことに関してはちょっと彼と意見が合わないかな。

You know, I somewhat disagree with him.
y'know

⑤ねえ、僕ヒップポップ音楽が大好きなんだ。

You know, I really love hip hop music.
y'know

リスニングUPのポイント

you know は音が違って聞こえるなどの変化はありませんが、日常会話の中では you が極端に短く弱く聞こえます。頻繁に登場する表現で、必ずしも「あなたは知っている」という意味ではなく、むしろ日本語の「あの～」「ねえ」にあたり、あまり意味はありません。急にトーンが変わるのを和らげたり、フレーズとフレーズを単につなぐために使われることが多くあります。

kind of

意味 そのような～

実際はこう聞こえる ➡ **kinda**

Listen carefully!

CD 8

①ちょっと時期が早いと思うんだけどな。
I kind of think you're not ready.
kinda

②う～ん、彼はマサチューセッツに行きたがっているわね。
Well, he kind of wants to go to Massachusetts.
kinda

③彼女って押しが強い方だよね。
She's kind of aggressive.
kinda

④ドレッシングは何がいい？
What kind of salad dressing would you like?
kinda

⑤彼そろそろ帰りたいんじゃないかしら。
I think he kind of wants to go home.
kinda

リスニング UP のポイント

of は kind や sort、bit などの単語の後にくると a の音に変わり、その前の単語の語尾とつながって da や ta に聞こえます。kind of はズバリ断言するのを避け、少し表現を和らげたり、遠まわしに言うときにクッションのように使います。

let's go

意味 行こう

実際はこう聞こえる ➡ **ts go**

Listen carefully!

CD 8

①土曜日に映画を観に行こうよ。
Let's go to a movie on Saturday.
ts go

②帰ろう。
Let's go home.
ts go

③来週スキーに行こう。
Let's go skiing next week.
ts go

④さあ、行くよ！
Let's go!
ts go

⑤何か飲みに行こう！
Let's go get something to drink.
ts go

リスニングUPのポイント

it's OK と同様、let's の頭の le の音が消えてしまい ts の音が残ります。さらに go とつながってひとつの単語のように聞こえます。let's go はよく使われる表現ですが、let's にはすでに「一緒に」というニュアンスが含まれるので together と一緒に使う必要はありません。

LONG TIME NO SEE

Chris: So, I guess living in NYC must have been really cool.

Jane : It was OK. Last year was pretty tough because I broke up with my boyfriend.

Chris: Wait a minute. You had a boyfriend?

Jane : Yes. Is that so hard to believe?

Chris: No. I didn't mean that. It's just that you didn't have a boyfriend when I knew you before.

Jane : That was a long time ago, Chris.

Chris: Yes. Why don't you come see soccer practice?

Jane : It's OK?

Chris: Sure, why not? You know, I'm getting kind of hungry.

Jane : Me too. Let's go get something to eat.

久しぶり

クリス　：ニューヨーク暮らしなんて、すっごくおもしろかったんだろうな。

ジェーン：まあね。去年はボーイフレンドと別れたから結構つらかったけど。

クリス　：えっ、ボーイフレンドがいたの？

ジェーン：そうよ、そんなに不思議かしら？

クリス　：いや、そういうわけじゃないけど、前に会ったときはボーイフレンドがいなかったから。

ジェーン：そんなのすごく前のことじゃない、クリス。

クリス　：そうだね。あのさ、あしたの午後サッカーの練習を見に来ない？

ジェーン：いいの？

クリス　：もちろん！　ねえ、僕ちょっとお腹が空いたよ。

ジェーン：私も。何か食べに行きましょうか。

ちょっと ひといき（1）

しばらく会っていなかった友人や知人と会うとき、お互いの暮らしぶりをぜひとも確認しあいたいものです。相手について新しいことがわかったとき、自然に人は相手に共感を示します。前ページの会話文はまさにそういった状況です。1行目の“So I guess living in NYC must have been really cool.”と言ったクリスは、ニューヨークに住む人々にどんな印象を抱いているでしょうか。彼がcoolという語句を使っていることから、きっと良い印象を抱いていることがわかりますね。一方、もしネガティブな印象を持っていたら、彼はこんなふうに言ったのではないでしょうか。“That must have been noisy and cramped!” 騒々しくって窮屈だろうに…、と。

going to

about

get a

what are

look out

want to

them

especially

suggest you

got to

teaching

right away

have to

like to

jumping

thank you

bit of

going to

意味 ～をする

gonna

Listen carefully!

CD 10

① スーパーに行ってきます。
I'm going to go to the supermarket.
gonna

② 今晩、彼に会う？
Are you going to see him tonight?
gonna

③ 来シーズン、彼はバスケットボールをするわよ。
He's going to play basketball next season.
gonna

④ 彼女はそうはしないわ。
She's not going to do that.
gonna

⑤ この試合は彼らは勝てそうにないわね。
They're not going to win this game.
gonna

リスニングUPのポイント

多くの場合、話し言葉では単語の語尾と次にくる単語がつながって聞こえます。しかし、going toはこうしたパターンと違い、まったく別の音に変化して聞こえます。意味は「～をする」で英会話では非常によく使われるので、小説やコミックなどでの話し言葉はそのままgonnaとつづられることが多くあります。

about

意味 ～について

実際はこう聞こえる ➡ **bout**

Listen carefully!

CD 10

①ちょうど、それをするところだったんです。
I was just about to do that.
bout

②それは心配しなくていいよ。
Don't worry about it.
bout

③彼女はどうなの？
How about her?
bout

④彼女はそのことを何も知らないんだ。
She doesn't know anything about it.
bout

⑤君のことをもっと話して。
Tell me more about you.
bout

リスニングUPのポイント

もともとaboutはアクセントが-boutのところにあるので、日常会話の中ではaの音は聞こえるか聞こえないくらい弱く発音されます。How about …?（～はどうですか？）は会話でよく使われ耳にする表現ですから慣れておきましょう。

get a

意味 ～を手に入れる、～がする

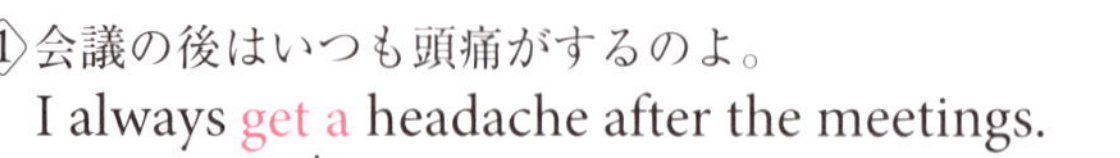

geda

Listen carefully!

CD 11

①会議の後はいつも頭痛がするのよ。
I always get a headache after the meetings.
geda

②彼女、もうすぐ新しいクルマを買うのよ。
She'll get a new car soon.
geda

③今年はボーナスがたくさん出た？
Did you get a big bonus this year?
geda

④歩きすぎて足にマメができるのは嫌よ。
I don't want to get a blister from walking too much.
geda

⑤会社のロゴが新しくなるんです。
The company will get a new logo.
geda

リスニングUPのポイント

単語がtやdで終わり、次にaがくると、それらがつながってひとつの音のように聞こえます。この場合、getの後ろにaがくるのでgedaに聞こえます。またgetaのように聞こえることもあります。

what are

意味 ～は何、～のこと

wa da

Listen carefully!

CD 11

①成功する確率はどれくらい？
What are the chances it'll succeed?
wa da

②僕たちこれからどうなるんだ？
What are we going to do?
wa da

③評論家は、その映画のことをなんと言うかな？
What are the critics going to say about the movie?
wa da

④どんなリスクがあるのだろう？
What are the risks involved?
wa da

⑤あの人たちの名前は？
What are their names?
wa da

リスニングUPのポイント

ここでもwhatのtと後ろのareとつながってdaになりwa daと聞こえます。またareのようなbe動詞は、例えば、I am the chairman（私が議長だ）のように、特に意味を強調する場合に省略せず強く発音されます。相手がハッキリと強調したら何を訴えたいのか注意して聞いてください。

look out

意味 気をつけろ

loo kout

Listen carefully!

CD 12

①危ない！　男の子が乗った自転車が見えなかったの？
Look out! Didn't you see that boy on the bicycle?
loo kout

②妹が 10 歳になるまで、私が面倒をみなければならなかったんです。
I had to look out for my little sister until she was ten.
loo kout

③見てよ！　この窓の景色、素晴らしいじゃない。
Look out this window. Isn't the view magnificent?
loo kout

④トゲに気をつけて。
Look out for the thorns.
loo kout

リスニング UP のポイント

look のように k が語尾にくると、後の母音で始まる out とつながって loo kout のように聞こえます。このパターンはとてもよくあり、knock on は nah kon に、kick it は ki kit に聞こえます。

want to 意味 ～がほしい

実際はこう聞こえる ➡ **wanna**

Listen carefully!

CD 12

①今日は学校へ行きたくないな。
I don't want to go to school today.
wanna

②彼は君の言ったことを信じたくなかったんだ。
He didn't want to believe what you said.
wanna

③君の手を握りたい。
I want to hold your hand.
wanna

④本当にそうしたいの？
Are you sure you want to do that?
wanna

⑤いったい、どうしてそんなことがしたいんだ？
Why in the world do you want to do such a thing?
wanna

リスニング UP のポイント

want to は日常会話では wanna とまったく違った音で聞こえます。これもとてもよく使われる表現のひとつで、「～したい」という意味で歌詞などでもよく見られます。

them

意味 彼ら

実際はこう聞こえる ➡ em

Listen carefully!

CD 13

①あの人たちと一緒に行けばいいのに。
Why don't you go with them?
em

②残りのモノと一緒にここに置いたら？
Put them here with the rest.
em

③シーッ。彼らの話を聞きなさい。
Shhhh.... Listen to them tell their stories.
em

④本当のことを言ったって、あの人たちに言わないで。
Don't tell them I told you the truth, okay?
em

⑤彼らを私の土地から追い出して！
Get them off of my property!
em

リスニングUPのポイント

them や him、her などは、特別に強調して訴えたいとき以外はあまり強く強調されません。them は th の音が消えて em と聞こえます。コミックなどではそのまま 'em とつづられていることがよくあります。

especially

意味 特に

specially

Listen carefully!

CD 13

①特にあの時計が好きだったんです。
I especially loved that watch.
specially

②うん、特にチョコレートね。
Yes, especially chocolate.
specially

③材料、特に小麦粉をよく混ぜてください。
Mix the ingredients well, especially the flour.
specially

④特別、あなたのために。
This is especially for you!
specially

⑤ワインがおいしいですよ。特にファーストクラスでは。
The wines are good, especially in the first class cabin.
specially

リスニングUPのポイント

especially はアクセントが -pe- のところにあり、日常会話では頭の e の音は消えてしまうか、発音されたとしてもとても弱い音です。このようにアクセントが頭にない場合、その音が消えるパターンはよくあります。

suggest you

意味 〜したらどう

実際はこう聞こえる ➡ **suh je chu**

Listen carefully!

CD 14

①今すぐ出発した方がいいんじゃないですか。
I suggest you leave right now.
suh je chu

②屋根裏部屋を見たらどうですか。
I suggest you see the attic.
suh je chu

③貴重品はお持ちください。
We suggest you keep your belonging with you.
suh je chu

④中にお入りになりませんか？
May we suggest you come inside?
suh je chu

⑤赤ワインをおすすめしています。
We suggest you try the red wine.
suh je chu

リスニングUPのポイント

語尾にくるtはその後にyouがくると、それとつながってchuに聞こえます。またchaと聞こえることもあります。don't youなども同様です。suggestは「提案する」という意味ですが、「〜したらどう？」というように気軽な感じで使うこともあります。

got to 意味 ～しなくては

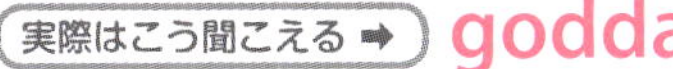

godda

Listen carefully!

CD 14

①会社に戻らなくては。
I got to go back to the office now.
godda

②がまんできないときは、しょうがないよ。
When you got to go, you gotta go!
godda

③明日彼女は早起きしなければいけない。
She's got to get up early tomorrow morning.
godda

④ 50階の新しいスイートルームを見るべきだよ。
You've got to see the new suite on the 50th floor!
godda

⑤今晩、彼に話さないと。
I got to tell him tonight.
godda

リスニング UP のポイント

got to も got a も godda のように聞こえます。to は ta になり gotta と聞こえることもよくあります。got to は have to のくだけた表現で「～しなくては」という意味です。

teaching

意味 ～を教えている

実際はこう聞こえる ➡ **tea chin**

Listen carefully!

①彼がハーモニカの吹き方を教えているの。
He's teaching me how to play the harmonica.
tea chin

②彼に教えたって無駄よ。絶対にできないから。
It's no use teaching him. He just won't get it.
tea chin

③数学を教えるアルバイトをしているの。
I'm teaching math part time.
tea chin

④齢(とし)をとった犬に新しい芸を教えようとしても難しいよ。
Teaching an old dog new tricks is difficult.
tea chin

⑤あの子にチーズケーキの作り方を教えてあげたら？
How about teaching her how to make a cheesecake?
tea chin

リスニングUPのポイント

単語がingで終わっているとき、ほとんどの場合、最後のgは消えてしまうか、発音されても非常に弱い音です。このパターンはとても多いので慣れておきましょう。

right away

意味 今すぐに

実際はこう聞こえる ➡ rai taway

Listen carefully!

CD 15

①必ず、すぐにします。
I'll be sure to do it right away.
rai taway

②かしこまりました。ただいますぐに。
Right away, ma'am.
rai taway

③彼がすぐに持ってきます。
He'll bring it right away.
rai taway

④今すぐやって、私のデスクまで持ってきてちょうだい。
I want it done and on my desk right away.
rai taway

⑤その優等生はあっという間にそれを仕上げたわ。
The good student finished it right away.
rai taway

リスニングUPのポイント

right away のように、t で終わる単語の後ろに母音で始まる単語がくると、これらがつながって聞こえることがよくあります。つまり right away は rai taway のように聞こえます。意味は「今すぐに」で、straight away, right now と同じです。

have to

意味 ～しなくては

実際はこう聞こえる ➡ **hafta**

Listen carefully!

CD 16

①ミーティングに行かなきゃ。
I have to go to the meeting now.
hafta

②別にやらなくてもいいんでしょ？
You don't have to, do you?
hafta

③ベストを尽くさないとね。
I have to do my very best.
hafta

④それを全部彼がしないといけないの？
Does he have to do it all by himself?
hafta

⑤ルールブックには、ゴム製のボールを使うことと書いてあるわ。
The rule book says you have to use a rubber ball.
hafta

リスニングUPのポイント

日常会話ではhaveのvの音がfに変化して聞こえます。またtoもtaのように聞こえるので、have toはhaftaと聞こえます。意味はgot toと同じで「～しなくては」で、こちらの方がくだけた表現です。

like to

意味 ～を好む

実際はこう聞こえる ➡ **lai kta**

Listen carefully!

CD 16

①私はこうやってやるのが好きなの。
I like to do it this way.
lai kta

②彼は彼なりのやり方でするのを好むわね。
He likes to do it his way.
lai ksta

③多くのアメリカ人は独自の方法でするのを好みます。
Many Americans like to do things in an original way.
lai kta

④彼女は数独パズルをするのが好きだ。
She likes to do sudoku puzzles.
lai ksta

⑤あの人はどうして時間のかかるやり方をしたがるのかしら？
I don't know why he likes to do it the long way.
lai ksta

リスニング UP のポイント

これもtoがtaのように聞こえるパターンです。ただしtoが文頭にあったり、会話の中でtoがなければ文脈がはっきりしなくなってしまう、意味が変わってしまう、強調される場合はtoと発音され変化しません。すべてtoがtaになるわけではありません。（例）Transfer to the red line at Shinjuku. 新宿で赤い電車に乗り換える。（「に」が強調されます）

jumping

意味　飛び跳ねている

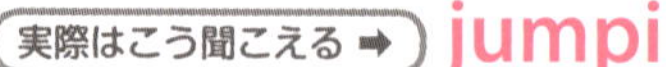

jumpin

Listen carefully!

CD 17

①女の子たちは運動場で縄跳びをしているよ。
The girls were jumping rope in the playground.
jumpin

②男の子は水たまりを飛び越してきたんだ。
The boy was jumping over the puddle.
jumpin

③ダンサーたちはリズムにあわせジャンプしていました。
The dancers were jumping to the rhythm.
jumpin

④ジャンプすると疲れるよ。
Jumping makes me tired.
jumpin

⑤ベッドの上で飛び跳ねるのは危ないよ。
Jumping up and down on the bed is dangerous.
jumpin

リスニングUPのポイント

ここでもingのgの音が消えてしまいます。jumpは飛び上がっている動作を表しますが、jump on to（jum pon ta）＝飛び乗る、jump across（jum pa cross）＝飛び越える、jump out of（jum pau da）＝飛び出すなどと表現することもできます。また、jump in（jum pin）と言えば、相手の話をさえぎって話を始めてしまう行為を指します。

thank you

意味 ありがとう

than kyu

Listen carefully!

CD 17

①いつも支えになってくれてありがとう。
Thank you for always being there for me.
than kyu

②心のこもった贈り物、ありがとう。
I must thank you for the thoughtful gifts.
than kyu

③特に、私の親友に感謝しています。
A special thank you to my best friend.
than kyu

④ありがとう。どういたしまして。
Thank you. You're welcome
than kyu

⑤どうやってお礼を言えばいいのか。
I don't know how to thank you enough.
than kyu

リスニング UP のポイント

日本人にはとてもなじみのある音の変化です。thank の語尾の k の音が後ろの you とつながって kyu のように聞こえます。

bit of

意味 少し

実際はこう聞こえる ➡ bida

Listen carefully!

CD 18

①このマスタードをちょっとだけもらおう。
I'll just take a bit of this mustard.
bida

②ほんの少し香水をつけているんだ。
I have a bit of perfume on.
bida

③ホースラディッシュが少しあれば、ぐっとおいしくなるよ。
A bit of horseradish makes it taste so much better.
bida

④ダイエット中なので、お砂糖はほんの少しでいいです。
I'm dieting so a little bit of sugar would be fine.
bida

⑤ちょっと宿題が残っているんだ。
I have a bit of homework left.
bida

リスニングUPのポイント

of は bit や kind、sort などの単語の後ろにくると a に聞こえることがよくあります（sort of → sorta、kind of → kinda）。この場合は、bit の語尾の t と a（= of）がつながって bida と聞こえます。また bita と聞こえることもよくあります。「少しの」という意味ですが a little がついた a little bit of（ほんの少しの）という形でもよく使われます。

GETTING A CAT

CD 19

Lisa : Today we're going to talk about pets. If you're going to get a cat, what are some of the things you should do, shouldn't do and should look out for?

Peter: Well, first you don't want to overwhelm them. Especially if they're kittens, so I suggest you keep them in a small room such as the bathroom for the first few days. By nature, cats are curious animals and will get into stuff, so you got to let them explore their new surroundings little by little.

Lisa : Yes.

Peter: You want to make sure that they know their place. Teaching what's bad behavior right away is very important. You don't have to hit them...just find creative ways to get them off kitchen counters, for example. What I like to do is put Velcro-like material that catches their nails to where you don't want them jumping up on. You just got to teach them right, that's all.

Lisa : Thank you for the bit of valuable insight. Do you have a website people can go to get more information?

Peter: Absolutely. The website is www.feline-feline.com. That's feline hyphen feline, dot com.

Lisa : It's been a pleasure having you.

Peter: The pleasure was mine.

Lisa : This has been Lisa Vogt, reporting to you from TV J.O.K.E.

猫を捕まえて

リサ　　：今日はペットのお話をしたいと思います。猫を飼う場合にしなければならないこと、してはならないこと、注意しなければならないことは何でしょうか？

ピーター：そうですね、まず怖がらせないということです。特に子猫であればよけいにそうです。最初の数日間はバスルームのような小さな部屋で買うのがいいでしょうね。猫はもともと好奇心の強い動物で、何にでも首を突っ込みたがりますから、少しずつ周りの環境に慣らせてあげるようにしてください。

リサ　　：はい。

ピーター：猫に自分の居場所をしっかりと覚えさせなければなりません。悪いことをしたときには、すぐにそう教えることがとても大切です。叩くよりも、例えば、キッチンカウンターから下りさせるにはどうしたらいいのか、という工夫をするようにしましょう。私はよく、マジックテープのように猫の爪が引っかかるモノを、猫に飛び乗ってほしくない場所に置きます。要は、ちゃんとしつけをするということです。

リサ　　：貴重なご意見をいただきました。もっと情報を知りたい人たちのためにウェブサイトあるいは、アドレスをお持ちですか？

ピーター：もちろんです。 ウェブサイトは www.feline-feline.com です。

リサ　　：今日はどうもありがとうございました。

ピーター：こちらこそ、ありがとうございます。

リサ　　：J.O.K.E. テレビのリサ・ヴォートがお伝えしました。

let me

with you

give me

told you

looking

nothing

about it

close to

such a

asked

what if

sort of

you are

let me

意味 私に～させて

実際はこう聞こえる ➡ lemme

Listen carefully!

CD 20

① 僕がやってあげるよ。
Let me do it for you.
lemme

② 今晩、食事に行こうよ。
Please let me take you to dinner tonight.
lemme

③ 放せ！
Let me go!
lemme

④ ひとりぼっちで行かせるなんて！
You can't let me go all by myself!
lemme

⑤ 中に入れてよ、外は寒いよ。
Let me in, it's cold out here.
lemme

リスニングUPのポイント

let の語尾の t の音は消えて me とつながり、ひとつの単語のように聞こえます。lemme というつづりは小説などでは話し言葉としてそのまま表記されることがよくあります。Let me…は直訳すると「～させてください」となりますが、「～してあげるよ」くらいの軽い感じで使われることもあります。非常によく使われるので耳を慣らしておきましょう。

with you

意味 あなたと一緒に

実際はこう聞こえる ➡ **wi thiu**

Listen carefully!

CD 20

①一緒にいたいんだ。
I want to be with you.
wi thiu

②なぜ、あなたはそうなの！
What's wrong with you!
wi thiu

③あなたと一緒に行けないって、それどういうこと？
What do you mean by "I can't go with you"?
wi thiu

④あなたが何と言ったって一緒に行くわ。
I'm going with you whether you like it or not.
wi thiu

リスニングUPのポイント

with you は話し手や話すスピード、状況によって軽く言うときは wi thiu や wi chu のように聞こえます。ただし、「あなたと」ということを強調したいときには with you とはっきり言いますので、明確に言われたらあなたに対して何かを強く訴えているということです。

give me

意味　私にちょうだい

実際はこう聞こえる ➡ gimme

Listen carefully!

CD 21

①もう1回やらせてください。今度こそやってみせます。
Give me another chance to prove myself.
gimme

②そのタバコをかしなさい！　やめるって約束したでしょ！
Give me that cigarette! You promised that you'd quit!
gimme

③僕がいなきゃいけない理由はどこにあるんだい！
Give me one good reason why I should stay.
gimme

④何をくれたんだい？
What did you give me?
gimme

⑤スプーンをください。
Would you please give me a spoon?
gimme

リスニングUPのポイント

give の v の音が消えて me とつながってひとつの単語のように聞こえます。ただし、give you となったときは v の音は消えず、givyu と聞こえますので注意してください。

told you

意味 あなたに言った

toh ju

Listen carefully!

CD 21

① 彼は逃げるって言ったじゃない。
I told you he would run away.
toh ju

② お金をとっておきなさいと、彼女に言われたでしょ。
She told you to keep the money, right?
toh ju

③ 気をつけなさいって言ったでしょ。
I told you to be careful, didn't I?
toh ju

④ 秘密にしておくはずだったのに！　誰が話したの？
It was supposed to be a secret! Who told you?
toh ju

⑤ 弁護士はあなたに正直に話しなさいって言ったでしょ。
The lawyer told you to tell the truth.
toh ju

リスニングUPのポイント

told の d の音は後ろの you とつながって ju に変化します。I told you…は「～と言った」という意味ですが、「だから言ったでしょ」「私は教えてあげたでしょ」というニュアンスで使われることもあります。

looking 意味 見る

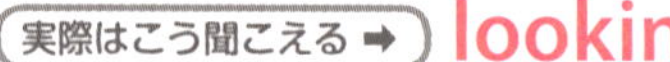

lookin

Listen carefully!

①彼女は望遠鏡をのぞいていた。
She was looking through the telescope.
lookin

②見ているだけです、どうもありがとう。
I'm just looking, thank you.
lookin

③お客さま、何かお探しですか？
'Looking for something, ma'am?
lookin

④そんなふうに見るのはやめてくれ！
Stop looking at me like that!
lookin

⑤カラスが食べ物を探しているぞ。
The crows are looking for food.
lookin

リスニングUPのポイント

このパターンは今までにも出てきましたが、ingのgの音が落ちて消えて聞こえます。

nothing

意味 何も

実際はこう聞こえる ➡ **nothin**

Listen carefully!

CD 22

①やあ、どう？　別に。
What's happening? Nothing much.
nothin

②私を止めるものは何もないわ。
Nothing is going to stop me now.
nothin

③もう言うべきことは何もないわ。
I have nothing more to say.
nothin

④何を言っても同じ。もう決めたの。
Nothing will change my mind. I'm determined.
nothin

⑤男の子はそのことについて、何も言わなかったわ。
The little boy said nothing about the incident.
nothin

リスニングUPのポイント

これもlookingと同じくingのgの音が消えて聞こえます。日常会話では、There's nothing like Mama's pancake.（お母さんのパンケーキに勝るものはない＝最高においしい）やThere's nothing like a long hot bath after skiing all day.（1日中スキーをした後は長風呂に限るね）といった表現はよく使われます。

about it

意味 それについて

実際はこう聞こえる ➡ **bou dit**

Listen carefully!

CD 23

①そのことについて、何も知らなかったのよ。
I didn't know anything about it.
bou dit

②あのことについて何か聞いている？
Have you heard anything about it?
bou dit

③あの人は熱心にその話をしていました。
He talked about it with passion.
bou dit

④ボスはそのことを知っているんだ。
The boss knows about it.
bou dit

⑤それは間違いないよ。
There's no doubt about it.
bou dit

リスニング UP のポイント

about は -bout にアクセントがあり、日常会話の中では a が聞こえるか聞こえないかくらいに、非常に弱く発音されます。about の t の音が母音で始まる it とつながって dit と聞こえ、全体では bou dit と聞こえます。

close to

意味 そばに

cloh sta

Listen carefully!

CD 23

①あなたのそばにいたいだけ。
I just want to be close to you.
cloh sta

②スーパーはあの映画館の近くよ。
The supermarket is close to the theater.
cloh sta

③彼女はお姉さんと仲がいいのよ。
She's close to her sister.
cloh sta

④北極グマに近づいたことある？
Have you ever been close to a polar bear?
cloh sta

⑤テントが蜂の巣に近づきすぎるわ。
The tent is too close to the beehive.
cloh sta

リスニング UP のポイント

これまで出てきた got to や have to と同様に、ここでも to が ta となり cloh sta と聞こえます。また、close は「閉じる」という意味のときは s が濁(にご)った音の z に聞こえますが、ここでは「近い」という意味なので濁らずに聞こえます。

such a

意味 そんな

実際はこう聞こえる ➡ suh cha

Listen carefully!

CD 24

①あのポスターすごくかっこいい！
That's such a cool poster!
suh cha

②そんなこと信じちゃダメだよ。
Don't you believe such a thing.
suh cha

③あんなに才能がある歌手なんだから、レコード契約を結んでもいいのにね。
Such a talented singer should have a record contract.
suh cha

④彼女にあんなひどいことを言うなんて！
That is such a terrible thing to say to her.
suh cha

⑤あのような建物が取り壊しなんて、すごく残念だ。
What a pity such a building must be demolished.
suh cha

リスニング UP のポイント

ch で終わる単語の後ろに、母音で始まる単語がくるとつながった音になります。ここでは、ch ＋ a で suh cha のように聞こえます。またこの音は、間に日本語の小さい「っ」が入っているようにつまったように聞こえます。such a は「そんな」あるいは「そんなにも」という意味です。

asked

意味 尋ねた

実際はこう聞こえる ➡ ast

Listen carefully!

CD 24

①今やっていいか彼に聞いたの。
I asked him if I can do it now.
ast

②彼女やっと彼の名前を聞いたんだよ。
She finally asked his name.
ast

③裁判官が彼に難しい質問をした。
The judge asked him a difficult question.
ast

④私はおまわりさんに道を尋ねた。
I asked the police for directions.
ast

⑤彼にパリに行ったことがあるかって聞かれてたわ。
He asked me if I had been to Paris.
ast

リスニングUPのポイント

ask の過去形の asked は会話の中では ed の音が完全に消えてしまい ast のように聞こえるか、とても弱く askt のように聞こえることもあります。

what if

意味 もし～だったら～

実際はこう聞こえる ➡ wa dif

Listen carefully!

CD 25

①もしあの子が嘘をついていたら？
What if she's lying?
wa dif

②もしあの人たちに本当のことが知れたら？
What if they find out the truth?
wa dif

③もしも何もかもが違っていたら？
What if everything isn't really as it seems?
wa dif

④もしあの火山が本当に噴火したら？
What if the volcano really erupted?
wa dif

⑤「もし～」っていう質問はやめなさい！
You must stop asking what if!
wa dif

リスニング UP のポイント

これも、今までに出てきましたが t や d で終わる単語の後に母音で始まる単語がくると、それらとつながった音に聞こえます。ここでは、what の t が if とつながって dif と聞こえます。また wa dif（whatif）と聞こえることもよくあります。what if は「もし～だったら～」という意味です。

sort of

意味 じゃないか

実際はこう聞こえる ➡ **sorda**

Listen carefully!

CD 25

①うーん、でも、彼の言う通りじゃないかな。
I sort of agree with him, though.
sorda

②その会社とどんな契約を結んでいるの？
What sort of contract do you have with the company?
sorda

③いったいどんな人たちがこんな高価なクルーズに行くのかな？
What sort of people go on those expensive cruises?
sorda

④彼は彼女にちょっと申し訳ないことをしたね。
He sort of did her wrong.
sorda

⑤うーん、それも、まあ本当なんじゃないかな。
Well, that's sort of true too, I guess.
sorda

リスニングUPのポイント

of は sort、kind、bit などの単語の後にくると a の音になり、sort of が sorda、kind of が kinda のように聞こえます。また sorta と聞こえることもよくあります。意味は sort of も kind of も同じで、断定を避けて表現を和らげるはたらきをします。

you are

意味 あなたは

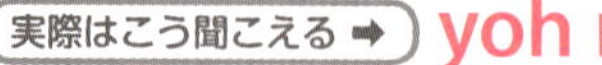

yoh r

Listen carefully!

CD 26

①明日行くんでしょ？
You are going tomorrow, aren't you?
yoh r

②どこに行くのかわかってる？
Do you know where you are going?
yoh r

③君は僕の親友だ。
You are my best friend.
yoh r

④空港に着いたら電話をしてね。
Telephone me when you are in the airport.
yoh r

⑤よくやっているじゃないか！
You are doing great!
yoh r

リスニングUPのポイント

日常会話では be 動詞など短縮できるものは短縮されて話されます。you are も you're の形で短縮されるのが普通です。また、be 動詞の are は強調されるとき以外は弱い音になります。

A CALL-IN SHOW

CD 27

Emma : Hello? Well… I'm kind of nervous.

Melvin : That is OK.

Emma : Well, you see, let me explain how it all started. My son stole some money from my purse, and I said to him "What's wrong with you? Give me back my money." And he said "I told you I need some dough but you wouldn't give me any so I borrowed some when you weren't looking."

Melvin : Gee…

Emma : I called him a thief and he said that there was nothing that I could do about it because the money was already gone. We were so close to each other… I'm hurt he would do such a thing.

Melvin : I don't blame you for being hurt.

Emma : I asked him what he did with the money but he wouldn't tell me.

Melvin : How is he being punished for this behavior?

Emma : Well… He isn't.

Melvin : Put the hurt aside and have the courage to stand up to your son. Lay down the rules and make it clear to him that certain behavior will not be tolerated. You have to teach your son to honor and respect his parents. In order to do that you have to be strong. What does he treasure?

Emma : His motorcycle.

Melvin : OK, then, what if you locked up his motorcycle for a month?

Emma : That...that motorcycle of his, is sort of like his life. He would be devastated.

Melvin : Don't you think he deserves it?

Emma : I guess you are right.

Melvin : You got to teach your son that there are consequences in life.

Emma : Thank you, Dr. Melvin. I know what I have to do.

ラジオ電話相談室

エマ　　：もしもし、ええーと、ちょっと緊張してしまって。

メルヴィン：大丈夫ですよ。

エマ　　：あの、どういう経緯か説明しますと、息子が私の財布からお金を盗んだのです。それで「いったいどうしたの？　お金を返しなさい」と言ったら「金がほしいって言ったのにくれないから、見てないときに借りたんだよ」って言うんです。

メルヴィン：まあ。

エマ　　：「あなたは泥棒よ」と言いましたら、「もう金は使ってしまったから、どうしようもないよ」なんて言うんです。前は仲のいい親子だったのに……。あんなことをするなんて私傷ついてしまって。

メルヴィン：傷ついて当たり前ですよ。

エマ　　：お金をどうしたのか聞いても言わないんです。

メルヴィン：そんな態度に対してどのようにしていますか？

エマ　　：それが……、別に。

メルヴィン：傷ついているのはわかりますが、勇気を持って息子さんと向かい合わなければ。ある種の振る舞いは許されないルールがある、そのことを明確にわからせないといけませんね。親を尊敬し、敬(うやま)わなくてはいけないことを教えなくてはね。そのためにはあなたが強くならなくてはいけない。息子さんが大事にしている物は？

エマ　　：バイクです。

メルヴィン：では、1カ月間バイクを使えないようにするというのはどうですか？

エマ　　：バイクは……、あの子にとってバイクはすべてなんです。そんなことをしたらすごく打ちひしがれるわ。

メルヴィン：息子さんはそれくらいのことをしたとは思いませんか？

エマ　　：そうですね。

メルヴィン：因果応報、行いに応じて未来の結果がある、ということを教えてあげなきゃ。

エマ　　：ありがとうございます、メルヴィン博士。私のしなければならないことがわかりました。

out of

should be

getting

there is

make you

just like a

better

a lot of

and

until

what are you

waiting

put it off

again

out of

意味 出る、切れる

実際はこう聞こえる ➡ **ouda**

Listen carefully!

CD 28

①今日は戻りません。
I'm out of here for the day.
ouda

②彼は退役したのよね。
He's out of the military, isn't he?
ouda

③あっちへ行って！
Get out of here!
ouda

④私にはどうすることもできない。
It's out of my hands.
ouda

⑤ケチャップが切れちゃった。
We're out of ketchup.
ouda

リスニング UP のポイント

ここでも of は a の音になって ouda と聞こえます。また outa と聞こえることもあります。Get out of here. は「出て行って」のほかに、驚いたときに「もうなんで !?　こんなにすごいじゃない！」というようなニュアンスで、wow と同じように使われることもあります。

should be

意味 ～でちがいない

実際はこう聞こえる ➡ **shu be**

Listen carefully!

CD 28

①こんな結果で嬉しいじゃない。
You should be happy with the results.
shu be

②もうすぐ彼がまいりますので。
He should be with you in a few minutes.
shu be

③そろそろ行かなくては。お昼ごちそうさまでした。
I should be leaving now. Thanks for lunch.
shu be

④インターネットをしてないで、仕事をやらないとね。
I should be working instead of surfing the internet.
shu be

⑤名刺は2、3日でご用意できると思います。
The business cards should be ready in a few days.
shu be

リスニングUPのポイント

このshouldのdは聞こえるか聞こえないかくらいに、非常に弱く発音されます。またdとbeの間は日本語の「っ」のようなつまった感じに聞こえます。shouldは「～すべき」とされることがありますが、日本語の「すべき」ほど堅苦しいニュアンスではありません。

getting

意味 ～している

実際はこう聞こえる ➡ **ge din**

Listen carefully!

CD 29

①パーティの用意をしているの。
I'm getting ready for the party.
ge din

②もう遅いよ。帰った方がいいわ。
It's getting late. You should go home.
ge din

③歳なんかとってないわよ！
I'm not getting old!
ge din

④寒い朝にベッドから出るのって辛いよね。
Getting out of bed is difficult on cold mornings.
ge din

⑤頭が痛くなってきた。出ましょう。
I'm getting a headache. Let's leave.
ge din

リスニングUPのポイント

getのtの音は消えて聞こえないことがよくあります。また、gettingのようにtがふたつ重なるとdの音に聞こえることもあります（実際にはtとdの中間の音です）。getは英会話で頻繁に使われるので、このパターンをよく覚えておきましょう。

there is

意味 〜がある

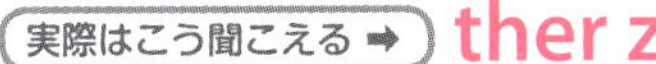

ther z

Listen carefully!

CD 29

①僕のバスが来た。
There's my bus.
ther z

②お客さま、ちょっと予約に問題がありまして。
There's a slight problem with the reservations, sir.
ther z

③意志あるところに道がある。
Where there's a will, there's a way.
ther z ther z

④友達のペニーだ。
There's my friend, Penney.
ther z

⑤終えるのにいつも時間が足りないんだよ。
There's never enough time to finish!
ther z

リスニングUPのポイント

前にでてきたyou are → you'reと同じくthere isも日常会話ではbe動詞のisが短縮されther zとなります。発音するとtheirsと同じになりますので、会話の流れに注意しましょう。isは必ずzの音になります。

make you

意味 あなたを～させる

実際はこう聞こえる ➡ **meikyu**

Listen carefully!

CD 30

①あなたを幸せにすると約束するわ。
I promise to make you happy.
meikyu

②明日バースデーケーキを作ってあげるね。
I'll make you a birthday cake tomorrow.
meikyu

③彼女は何としてもあなたにそれをさせるわ。
She will make you do it no matter what.
meikyu

④彼はあなたをビジネスパートナーにするわよ。
He will make you his business partner.
meikyu

⑤ボスはあなたをカリフォルニアに行かせる気ね。
The boss will make you go to California.
meikyu

リスニングUPのポイント

thank you が thankyu になるのと同様に make you も meikyu と聞こえます。make には「作る」のほかに、断る余地のない「～させる」「～する」などの意味もあります。

just like a

意味　まさに〜のようだ

実際はこう聞こえる ➡ **jus lai ka**

Listen carefully!

CD 30

① あの子はアヒルにそっくりだ。
She looks just like a duck!
jus lai ka

② 彼女は典型的なフェミニストのようだね。
She acts just like a typical feminist.
jus lai ka

③ 君、映画スターのようになれるよ。
You can look just like a movie star.
jus lai ka

④ ステーキみたいな味がするよ。
It tastes just like a steak.
jus lai ka

⑤ ジャングルはまるでサウナのようだ。
The jungle is just like a sauna.
jus lai ka

リスニングUPのポイント

会話の中ではjustのtは消えてしまいます。likeはその後ろのaとつながってlai kaのように聞こえます。したがってフレーズ全体としてはjus lai kaと聞こえるのです。意味は「まさに〜のようだ」で、これもとてもよく使われるフレーズです。

better

意味 よりよい

実際はこう聞こえる ➡ **bedder**

Listen carefully!

CD 31

① お母さんに電話をした方がいいよ。
You'd better call your mother.
bedder

② 遅くなってもしないよりは、した方がいいよ。
Better late than never!
bedder

③ パパのピザよりおいしいわ。
It's better than Papa's pizza.
bedder

④ 私の方がテニスは上手ね。
I'm a better tennis player.
bedder

⑤ 彼女よりも上手な人って？
Who's better than her?
bedder

リスニング UP のポイント

ふたつ重なったtがdに変わる音の変化は pretty → preddy や getting → ge din の例が既に出てきました。ここでも同様です。実際にはtとdの中間の音に聞こえます。Never been better.（これ以上よかったことはなかった→最高）、It's even better.（それよりももっとよい）はよく使われるフレーズなので覚えておくとよいでしょう。

a lot of

意味 たくさんの～

実際はこう聞こえる ➡ **a lah da**

Listen carefully!

CD 31

①この提案にはさまざまな問題がある。
There are a lot of problems with this proposal.
a lah da

②お金はたくさんあるよ。
I have a lot of money.
a lah da

③まだあまり友達がいないんだ。
I don't have a lot of friends yet.
a lah da

④彼女にはやることがたくさんあるんだよ。
She has a lot of work to do.
a lah da

⑤影響を受ける人がたくさんいるだろうね。
A lot of people will be affected.
a lah da

リスニングUPのポイント

ここでも of は a の音に変化します。また、a loh da と聞こえることもよくあります。会話の中では a は前の単語とつながり、フレーズの中では loda と聞こえることもあります。意味は「たくさんの～」で、話し言葉では many ではなく a lot of が使われることがほとんどです。

and

意味 〜と〜

実際はこう聞こえる ➡ n

Listen carefully!

CD 32

①塩コショウ
salt and pepper
n

②白黒
black and white
n

③ヒットエンドラン
hit and run
n

④出たり入ったり
in and out
n

⑤砂糖とクリーム
sugar and cream
n

リスニングUPのポイント

and が「〜と〜」という組み合わせの意味で使われているときは、and が弱く発音されて n の音だけになります。ただし、文章をつなぐ場合、文頭にくる場合、強調する場合は必ずしも n の音だけにならないので注意してください。

until

意味 ～までに

実際はこう聞こえる ➡ til

Listen carefully!

CD 32

①毎日7時頃まで働くの。
I work until about seven o'clock everyday.
til

②有名になるまで待って！
Please wait until I become famous!
til

③日が昇るまであのバーにいたよ。
I stayed at the bar until sunrise.
til

④くたくたになるまで踊ろう！
Dance until you drop!
til

⑤君がタバコをやめるまで結婚はしない。
I won't marry you until you stop smoking.
til

リスニングUPのポイント

until は -til のところにアクセントがあるので、日常会話では un が落ちて聞こえなくなります。この until が til になるパターンは歌詞などでよくみられ、Til death do us apart.（死ぬまで私たちは離れない→生涯）というフレーズはよく耳にします。

what are you

意味 何を～している

実際はこう聞こえる ➡ **wadaya**

Listen carefully!

CD 33

①明日は何をするの？
What are you doing tomorrow?
wadaya

②何を勉強しているの？
What are you studying?
wadaya

③何を持っているの？
What are you holding?
wadaya

④どうするの？
What are you going to do?
wadaya

⑤何を成し遂げたいと思っているの？
What are you trying to accomplish?
wadaya

リスニングUPのポイント

what の t とその後の are がつながって da に変化し、次にくる you が ya に変わり全体として whadaya と聞こえます。さらにくだけた会話では you がとても弱く発音されるので、wha cha と聞こえることもあります。コミックなどでもこのままつづられることがよくあります。

waiting

意味 ～を待っている

実際はこう聞こえる ➡ **way din**

Listen carefully!

CD 33

①犬が帰って来るのを待ってるんだ。
I'm waiting for my dog to come back.
way din

②彼女ずっと待っているよ。
She's been waiting a long long time.
way din

③待っても無駄だよ。彼は今日来ない。
It's no use waiting… He isn't going to come today.
way din

④みんなコンサートが始まるのを辛抱強く待っていたんだ。
Everyone was patiently waiting for the concert to begin.
way din

⑤僕のことを待つのはやめて！
Stop waiting for me.
way din

リスニング UP のポイント

way din は way tin と聞こえることもあります。何度も出てきましたが ing の最後の g の音は消えてしまいます。よく「～を持つ」という意味で for と一緒に使うので、waiting for とセットで覚えておきましょう。

put it off

意味　延期する

pudidoff

Listen carefully!

CD 34

①これ以上先延(さきの)ばしにすべきでないわ。
I shouldn't put it off any longer.
pudidoff

②私って、いつもぎりぎりまで放っておく癖(くせ)があるの。
I always put it off until the last minute.
pudidoff

③今度こそしなければ許さないから。
If you put it off one more time, I won't forgive you.
pudidoff

④それは延長した方がいいんじゃないかな。
I think you should put it off.
pudidoff

⑤彼女が帰って来るまでするのはやめましょう。
Let's put it off until she comes back.
pudidoff

リスニング UP のポイント

put の語尾の t と次の it がつながり、音が変化して pudit になります。さらに pudit の語尾の t が次の off とつながって音が変化して dof になり、全体として pudidof と聞こえます。put off は「延期する」という意味で、put off the meeting.（会議を延長する）のように、延期するものが後ろにくることがあります。このときは pudof と聞こえます。

again

意味 もう１度

実際はこう聞こえる ➡ **gen**

Listen carefully!

CD 34

①またお金を貸してもらえないかな？
Can I borrow some money again?
gen

②またトイレに行かなきゃ。
I have to go to the restroom again.
gen

③彼にまたあそこに連れていかれたよ。
He took me there again.
gen

④またダイエットしているんだ。
I'm dieting again.
gen

⑤また新しいコンピュータを買ったんだ。
I bought a new computer again.
gen

リスニングUPのポイント

again はアクセントが -gain のところにあるので、a の音は弱く、発音されないこともあります。また、-gain の部分は gen に近い音で聞こえます。「もう１度」という意味ですが、日本語で「また？」とひと言で言うように、英語でも again? とひと言でよく言います。

DIET DRINK

Overweight? Out of shape? Feeling blue? You know you should be working out, getting healthy, getting slim. We all want to be just like a model. Now there is an easy 3-step diet drink that will make you look just like a model… or even better! A lot of people now have gorgeous bodies, thanks to J-Slim.

Just open the package, add water and shake until it starts to bubble, then simply drink it with each meal. It's that easy!

Well, what are you waiting for? Call toll free, 0120-654-3210. Change your life. Change everything. Don't put it off. Again, the number is 0120-654-3210.

ダイエットドリンク

太り過ぎ？　運動不足？　憂うつ？　運動して、健康に、スリムにならなくては、と皆さん思っているのではありませんか？　誰でもモデルのようになりたいと思うものです。さあ、それではスリーステップの簡単なダイエットドリンクはいかがですか？　モデルのように、あるいはもっとステキになれますよ。ジェイスリムのおかげで、大勢の人が理想のプロポーションを手に入れています。

開封して水を加え、泡立つまで振ってください。後は食事の度(たび)に飲むだけです。こんなに簡単です！

今すぐフリーダイアル 0120-654-3210、0120-654-3210 にお電話ください。生まれ変わってすべてを変えましょう。さあ、今すぐ。電話番号は 0120-654-3210 です。

ちょっと ひといき（2）

オーディオやステレオ機器のサイズが小さくなっていく一方で、テレビのスクリーンは日々大きくなっていきます。ケーブルテレビや衛星放送など有料チャンネルを含めれば、チャンネルの数が驚異的に増えていますね。でもこういったハードの進歩にソフトつまり番組がついていっていないように、私はときどき感じます。放送時間の穴埋めとしか思えないような番組編成には肩をすくめることもあります。とくに同じようなテレビショッピング（買物番組）がなんと多いこと。商品の値段を司会者が値切ってみせると「お～」とか「ああ～」とか…予め録音された歓声と拍手が流されますね。前ページのナレーションはそんなテレショップのワンシーン。こういう番組もあっていいのですが、感動を与えたり、人生に役立つ番組も増えるといいですね～。

excuse

would you

have a

a couple of

ought to

just a

got you

used to

what do you

remember

find it

figuring out

how to

plug it

what you

what is your

meet you

make your

got it

not at all

excuse

意味　すみません

実際はこう聞こえる ➡ **skyuz**

Listen carefully!

① 中断させてしまってすみません。
Excuse me for interrupting.
skyuz

② 彼は気分が悪いようなのでお許しください。
You'll have to excuse him as he's feeling sick.
skyuz

③ すみません、通してください。
I need to get through, excuse me.
skyuz

④ ちょっと失礼。
Will you excuse me?
skyuz

⑤ すみません。
Excuse us.
skyuz

リスニング UP のポイント

日本語の「すみません」にあたり、特にとっさに返すときはこのように ex の音が非常に弱くなって聞こえないこともあります。ていねいに言うときは excuse ときちんと発音されます。I'm sorry. も「申し訳ございません」という意味で excuse のように使われますが、声をかけるときには使いません。

would you

意味 ～いただけますか

実際はこう聞こえる ➡ **wu ju**

Listen carefully!

CD 36

①もう1度言ってください。
Would you repeat that?
wu ju

②あちらにお座りいただけますか？
Would you sit over there please?
wu ju

③そんなことしませんよね（、でしょ）？
You wouldn't do that, would you?
wu ju

④もう少し静かにしていただけませんか？
Would you kindly lower your voices?
wu ju

⑤今晩電話してくれる？
Would you call me tonight?
wu ju

リスニングUPのポイント

dで終わる単語の後にyouがくる場合、つながってjuの音になります。would you → wu ju、could you → cu ju、did you → di juなどいずれも同じパターンです。Would you…？は「～していただけますか？」とていねいに頼むときに使われる表現なので、ぜひ覚えてください。

have a

意味 ～がある

実際はこう聞こえる ➡ **hava**

Listen carefully!

CD 37

①私、再婚したの。
I have a new husband now.
hava

②チリペッパー、少しありませんか？
Do you have a little chili pepper?
hava

③カゼをひいたの。
I have a cold.
hava

④彼らのは私たちのコンピュータシステムと違うの。
They have a different computer system.
hava

⑤ピカピカの iPad を持っているんだ。
I have a brand new iPad.
hava

リスニング UP のポイント

have の v の音がその後の a とつながって hava と聞こえます。非常によくあるコンビネーションです。Have a good time!（楽しんで来てね）や Have a nice weekend!（楽しい週末を過ごしてね）などは日常会話では頻繁に使われますから、この音に慣れておくとよいでしょう。

a couple of

意味　2、3の

acupla

Listen carefully!

CD 37

①卵は2個、目玉焼きにして食べるよ。
I'll have a couple of eggs sunny-side up.
acupla

②2、3日後には仕上がります。
It'll be ready in a couple of days.
acupla

③もうちょっと待って。
I'd give it a couple of minutes.
acupla

④あそこで何回か嫌な目にあったんだ。
I had a couple of bad experiences there.
acupla

⑤クリップなら少しあるよ。いくつ必要？
I have a couple of paper clips. How many do you need?
acupla

リスニングUPのポイント

of は a の音に変化し、couple of は cupla、a bag of cookies は a baga cookies のように聞こえます。日本語のカップルは男女2名（恋人同士）を指しますが、英語ではそのほかに、「少しの」（= few）という意味でも使われます。

ought to

au da

Listen carefully!

①彼はもっと分別があってもいいのにね。
He ought to know left from right.
au da

②遅くなってきた。もう帰った方がいいよ。
It's getting late. You ought to go home now.
au da

③もうわかってもいい頃よ。
He ought to know by now.
au da

④何があっても正しいことをすべきだ。
You ought to do the right thing no matter what.
au da

⑤私っておしゃべりね。
I ought to keep my mouth shut!
au da

リスニングUPのポイント

to は ta の音に聞こえることもありますので、ought の語尾の t とつながって、au ta と聞こえる場合もあります。should と同じで「～すべき」という意味です。

just a

意味 ほんの、～だけ

実際はこう聞こえる ➡ jus ta

Listen carefully!

CD 38

①たった数百円の差だ。
It's just a few hundred yen difference.
jus ta

②単に時間の問題だよ。
It's just a matter of time.
jus ta

③ちょっと遅れただけさ。
I'm just a little late.
jus ta

④すぐそこです。
It's just a short walk from here.
jus ta

⑤ほんの少しだよ。
It's just a little bit.
jus ta

リスニングUPのポイント

t や d で終わる単語の後に a がくると、つながって ta や da の音になりますから、just は justa のように聞こえます。just は only と同じように「ほんの」「～だけ」といった意味です。

got you

意味 つかまえる、理解する

実際はこう聞こえる ➡ **gotcha**

Listen carefully!

CD 39

①つかまえたわよ。もう離さないから。
I got you and I won't let go.
gotcha

②彼のせいで困ったことになったんでしょ？
He got you in trouble, didn't he?
gotcha

③了解！
I got you!
gotcha

④彼女につかまった以上、もう逃げられないわよ。
She got you and you can't break loose.
gotcha

⑤あなたにプレゼントを買ったの。
I got you a present.
gotcha

リスニングUPのポイント

この場合も、tで終わる単語とyouがつながってchaあるいはchuに聞こえるパターンです。I got you.というのは、直訳すると「私はあなたをつかまえた」になりますが、「(あなたの言うことが）わかりました」というときによく使われるフレーズです。

used to

意味 昔は～だった

実際はこう聞こえる ➡ **yoo sta**

Listen carefully!

CD 39

①昔はここに森があったんだよ。
There used to be a forest here.
yoo sta

②あの頃はどうだったか覚えている？
Remember how it used to be?
yoo sta

③彼女って昔は太っていたんだ。
She used to be fat.
yoo sta

④僕は以前、歌手だったんだ。
I used to be a singer.
yoo sta

⑤あの人たちは元夫婦なんだよ。
They used to be married.
yoo sta

リスニング UP のポイント

to が強調される場合を除けば、日常会話の中では to は ta の音に変化します。used の語尾の ed は t の音で聞こえますが、ここではほとんど聞こえず、全体で yoo sta のように聞こえます。used to は「(今と違って) 昔は～だった」という意味です。

what do you

意味 何をしている

wadaya

Listen carefully!

CD 40

① 何をしてるの！

What do you think you're doing!
wadaya

② お仕事は何ですか？

What do you do for a living?
wadaya

③ どういう意味？

What do you mean?
wadaya

④ どうなると思う？

What do you think will happen?
wadaya

⑤ 今晩どうするの？

What do you plan to do tonight?
wadaya

リスニングUPのポイント

to が ta の音に変わるように、do が da の音に変わることもよくあります。you も ya の音に変わりますから、what do you は wadaya のように聞こえます。what are you も同じように wadaya と聞こえることもあるので、話の流れで、どちらであるか聞き分けるようにしましょう。

remember

意味　覚えている

実際はこう聞こえる ➡ **member**

Listen carefully!

CD 40

①戸締まりを忘れないでね。
Did you remember to lock the doors?
member

②あの人を覚えている？　昔、隣に住んでいた人よ。
Remember him? He used to live next door!
member

③ああ、思い出したよ。
Yeah, I remember now.
member

④あの場所のことはぼんやりと覚えているよ。
I vaguely remember that place.
member

⑤彼の名前が思い出せないんだけど、何だっけ？
I just can't remember his name. What was it?
member

リスニングUPのポイント

rememberのアクセントは[rimémbər]と-me-の部分にあり、頭のreの音は非常に弱く発音され、場合によっては聞こえないこともあります。Remember? Yeah, I do.（覚えている？ うん、覚えているよ）という会話はよく交わされます。「覚えている」「思い出す」という意味です。

find it

意味　みつける

実際はこう聞こえる ➡ fain dit

Listen carefully!

CD 41

①どこにも見あたらないんです！
I can't seem to find it anywhere!
fain dit

②見つかったら教えてちょうだい。
Let me know when you find it.
fain dit

③一生懸命探しているんです。
I'm trying hard to find it.
fain dit

④探すのにあと 2、3 日ください。
Give me a few more days to find it.
fain dit

⑤とにかく見つけること！
Well, find it!
fain dit

リスニング UP のポイント

it が g や t、d などで終わる単語の後ろにくると、つながって find it → fain dit、bring it → brin git、hit it → hi tit（あるいは hidit）のように聞こえます。find は「みつける」という意味です。fain dit の fa が強く発音されます。

figuring out

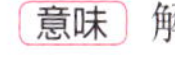

解決する

実際はこう聞こえる ➡ **figer inout**

Listen carefully!

CD 41

①解決するのが大変だったよ。
It was difficult **figuring out** the solution.
figer inout

②その問題の解決方法を見いだすのに２年かかった。
Figuring out how to solve the problem took two years.
figer inout

③そこへ行くにはどうしたらいいか教えてください。
I need help in **figuring out** how to get there.
figer inout

④この説明書を解読するのを手伝ってくださいませんか？
Could you help me in **figuring out** these instructions?
figer inout

⑤みんな僕たちのパズルを解いているよ。
Everyone is **figuring out** the answer to our puzzle.
figer inout

リスニングUPのポイント

ingの語尾のgは聞こえなくなります。また、outの最後のtははっきり音としては発音されません。発音というよりは、小さなtの音を含んだ息が吐(は)き出されるという感じです。figure outは「～を解決する」「～がわかる」という意味です。

how to 意味 どうやって

howda

Listen carefully!

①どうやっていいのか、わかならいの。
I don't know how to do it.
howda

②新しいホームシアターのセットアップの方法を教えてちょうだい。
Would you show me how to set up my new home theater?
howda

③このソフトウエアの使い方を教えてくれる？
Can you teach me how to use the software?
howda

④コーチがチームにどうやって練習するかを説明しました。
The coach explained to the team how to practice.
howda

⑤どうやったら私たちの可能性を最大限に引き出せるか教えてください。
You got to show us how to best use our potential.
howda

リスニング UP のポイント

to が ta や da に変化して聞こえることはこれまでと同様です。How to…（どうやって～）では how に言いたいことのポイントがあるので、to は添えるように弱く発音されて小さく聞こえます。

plug it

意味 差し込む

実際はこう聞こえる ➡ **pluh git**

Listen carefully!

CD 42

①どちらにプラグを差せばいいの？
Which one do I plug it into?
pluh git

②ストッパーのサイズが違うから栓（せん）ができないよ。
I can't plug it because the stopper is a different size.
pluh git

③プラグを差すだけ？
Just plug it in?
pluh git

④正しく差すにはどうすればいいの？
How do you plug it properly?
pluh git

⑤それをコンピュータにつなぐのがコワイよ。
I'm afraid to plug it into my computer.
pluh git

リスニング UP のポイント

find it と同様に、g や t、d で終わる単語の後に it がくると、plug it → pluh git、cut it → cu dit、blend it → blen dit のようにつながった音になります。

what you

意味 ～のこと

実際はこう聞こえる ➡ **wachu**

Listen carefully!

CD 43

①ご職業は？
Tell me what you do.
wachu

②あなたに言われたとおりやっています。
I'm doing exactly what you told me to do.
wachu

③それってどういう意味なの？
I don't know what you mean by that.
wachu

④あなたのしたこと知ってるわよ。
I know what you did.
wachu

⑤あなたが作ってくれる料理、いつも大好きよ。
I always love what you cook for us.
wachu

リスニングUPのポイント

ここでも語尾がtで終わる単語の後にyouがきているので、whachuと聞こえます。また、youはyaとも変化しますので、whachaと聞こえることもあります。76ページで紹介したwhat are youはwadayaと発音されるほかに、wha chuとも発音されますので、この場合（what you）と混同しないように気をつけてください。

what is your

意味 あなたの～は何

実際はこう聞こえる ➡ **wa chur**

Listen carefully!

CD 43

①お名前は？
What is your name?
wa chur

②お好きな飲み物は？
What is your favorite drink?
wa chur

③あなたの学校の制服はどういうの？
What is your school uniform like?
wa chur

④血液型は何ですか？
What is your blood type?
wa chur

⑤君の夢は何ですか？
What is your dream?
wa chur

リスニングUPのポイント

ここでは be 動詞の is がとても弱く、what と your がつながったように wa chur と聞こえます。wa と chur の間は、日本語の「っ」が入っているようにつまった感じに聞こえます。また is の過去形 was になった場合の what was your は wha zure と聞こえます。

meet you

意味 会う

meechu

Listen carefully!

CD 44

①はじめまして。
It's nice to meet you.
meechu

②はじめまして。
I'm glad to meet you.
meechu

③またお会いできてとても嬉しいです。
What a pleasure to meet you again!
meechu

④直接お目にかかりたいと思っていたのです。
I couldn't wait to meet you in person.
meechu

⑤今度はいつ会える？
When can I meet you again?
meechu

リスニングUPのポイント

t + you で chu の音に変化するパターンです。Nice to meet you. は英会話の必須フレーズですからぜひとも音に慣れておきましょう。同じ意味で、Happy to meet you. Wonderful to meet you. Fantastic to meet you. Pleased to meet you. Great to meet you. などさまざまな表現がありますので、これらにも慣れておきましょう。

make your

意味 あなたの〜を作る

実際はこう聞こえる ➡ may kyor

Listen carefully!

CD 44

①休暇のプランはいつ決めるつもりなの？
When are you going to make your vacation plans?
may kyor

②今朝どうしてベッドメイキングしなかったの？
Why didn't you make your bed this morning?
may kyor

③よかったら自分でパンケーキをお作りください。
You can make your own pancakes if you like.
may kyor

④7日間ほどでドレスをお作りします。
I can make your dress in seven days.
may kyor

⑤カーペットは部屋を温かく見せているね。
The carpets make your room look warm.
may kyor

リスニング UP のポイント

単語の語尾の音が k で終わり、後ろに you や your がくると、つながって kyu や kyor の音に聞こえます。p で終わる単語の後ろに you がきても同じように音が変化して聞こえます。例えば help you は helpyu に、stop you は stopyu に聞こえます。

got it

意味 わかった

実際はこう聞こえる ➡ **gah dit**

Listen carefully!

CD 45

①わかった？　わかったよ。
Got it? Got it.
gah dit　gah dit

②自分でちゃんとわかっているか自信がありません。
I'm not sure if I got it all.
gah dit

③わからないところがあったら授業の後に会いに来てください。
If you're not sure you got it all, see me after class.
gah dit

④わかったと思います。
I think I got it.
gah dit

⑤わずか2000円で手に入れたのよ！
I got it for only two thousand yen!
gah dit

リスニングUPのポイント

t とその後に it がつながり tit に。さらに最初の t が d の音に変化します。I got it. は「わかった」という意味です。よくジョークを言った後で "Did you get it?" "No, I didn't get it. Why is it funny?...Ah, I got it!"「今のわかった？」「いや、何がおかしいの？……あっ、わかった！」という会話が交わされますね。

not at all

意味 ぜんぜん～でない

実際はこう聞こえる ➡ **na tat ol**

Listen carefully!

CD 45

①ありがとう。どういたしまして。
Thanks. Not at all.
na tat ol

②本当に大丈夫？　平気、平気。
Are you sure it's not a problem? Not at all.
na tat ol

③面倒でしょう！　ぜんぜん。
It must be a hassle! Not at all.
na tat ol

④今でも彼女が好きなのかい？　まさか。
Are you still in love with her. Not at all.
na tat ol

⑤まだ痛む？　いや少しも。
Does it still hurt? Not at all.
na tat ol

リスニングUPのポイント

notの語尾のtと次のatがつながってtatと聞こえます。「ぜんぜん～でない」という意味です。大変便利なフレーズで、お礼を言われたときにも「ぜんぜん気にしてません」という意味でよく使われます。

IN AN AIRPLANE

Ava : Excuse me. Would you have a couple of more pillows?

Gloria: We ought to… I will go check. Just a second. Here you go. 'Got you two.

Ava : Thanks. You know, I used to be a flight attendant too.

Gloria: Really? What do you remember about the job?

Ava : Well, a woman once dropped her contact lens and I spent hours trying to find it. And once a man needed help figuring out how to get sound to come out of the headsets… Plug it in!

Gloria: I know what you mean! What is your name?

Ava : Ava.

Gloria: I'm Gloria. It is nice to meet you. If there is anything I can do to make your flight more comfortable, just let me know.

Ava : 'Got it. Thanks.

Gloria: Not at all.

旅客機の中で

アヴァ　：すみません。いくつか枕ありませんか？

グロリア：あると思います。ただいまお持ちいたしますので、しばらくお待ちください。はい、おふたつどうぞ。

アヴァ　：ありがとう。実は私も以前、フライトアテンダントだったのよ。

グロリア：本当ですか？　何か仕事の思い出がございますか？

アヴァ　：そうねえ、ある女性がコンタクトレンズを落として、何時間もかけて探したり、どうしたらヘッドホンから音が出せるのかわからない人がいたり……。プラグを差し込めばいいだけなのにね。

グロリア：ええ、よくわかります！　お名前は何とおっしゃるのですか?

アヴァ　：アヴァよ。

グロリア：グロリアです。どうぞよろしく。何か私にできることがございましたら何でも気軽におっしゃってくださいね。

アヴァ　：わかったわ。どうもありがとう。

グロリア：どういたしまして。

ちょっと ひといき（3）

ある旅の目的地に向かうため飛行機に乗ったところ、乗客の一人のご病気のため、飛行ルートにある外国の空港に緊急着陸するという出来事に遭遇しました。機内での最初のアナウンスでは２～３時間待たなければならないという話でしたが、乗客のビザの確認や緊急着陸のための書類申告など、真夜中だったこともあり余計に時間がかかりました。しかし書類がまとまったところで、今度はフライトアテンダント（CA）の勤務時間が超過のため全員を別のCAと入れ替えなければならないというのです。そうして別のCAが集まってくるのを待つ間、さらに問題が…。乗客にサービスする食事の消費期限がこれから飛び立つとなると切れてしまうということが判明。400人分の食事の入れ替えが行われました。待つこともう20時間、乗客も疲れましたが、空の旅にたずさわる人たちも大変だなあと思いました。ちなみに病気の乗客は早期の処置が幸いし、快復されたと聞きました。

miss you

without you

should have

did you

forget it

might have

had it

for

all of it

make it

has to

thinking

miss you

意味 あなたがいなくて寂しい

実際はこう聞こえる ➡ **mi shu**

Listen carefully!

CD 47

①あなたがいなくて堪えきれないくらい寂しいわ。
I **miss you** tremendously.
mi shu

②私がどんなに寂しい思いをしているか、あなたにはわからないのよ。
You have no idea how much I **miss you**.
mi shu

③寂しいかですって？　もちろんよ。
Miss you? You bet!
mi shu

④私があなたのことを恋しいと思っているのと同じくらい、あなたも恋しいと思っている？
Do you miss me as much as I **miss you**?
mi shu

⑤あなたがいないと本当に寂しいわ。
I do **miss you**.
mi shu

リスニングUPのポイント

you が s で終わる単語の後ろにくると、つながって shu の音になりますから miss you → mi shu、kiss you → ki shu、bless you → ble shu と聞こえます。miss は「～がない」「～がいないのを寂しく思う」という意味です。恋人だけでなく親子、友人、仲間など何に対しても寂しい気持ちを表すときに使われる表現です。

without you

意味 あなたなしで

実際はこう聞こえる ➡ **wi thau chu**

Listen carefully!

CD 47

①一緒に来てくれなくても僕は行くよ。
With or without you, I'm determined to go.
wi thau chu

②君がいないと僕は空っぽだよ。
Without you, I'm nothing.
wi thau chu

③早くしないと置いていくよ。
Hurry up or we'll leave without you!
wi thau chu

④君がいないとチームに勝ち目はないんだよ。
The team can't win without you.
wi thau chu

⑤あなたが案内してくれないと、道に迷ってしまう。
Without you guiding me, I'd get lost.
wi thau chu

リスニングUPのポイント

ここでもtで終わる単語の後にyouがきてchuの音に聞こえます。without youは「あなたなしで」という意味ですが、-outの部分にアクセントがあり頭のwiの音はかなり弱い音で発音されます。ただし「あなたなしで」を強調したいときにはwithout youとはっきりと発音されます。

should have

意味
〜しているはずだ

実際はこう聞こえる ➡ shuda

Listen carefully!

CD 48

①もう届いているはずよ。
You should have received it by now.
shuda

②彼は1時間前に会社を出ていなければならなかった。
He should have left his office an hour ago.
shuda

③もっとお金を貯めておくべきだったわ。
I should have saved more money.
shuda

④あそこで右に曲がらないといけなかったんじゃない？
Don't you think we should have taken a right turn back there?
shuda

⑤彼らは残っているべきだったのよ。
They should have stayed.
shuda

リスニングUPのポイント

have は会話の中では頭の h の音が消え ave のように聞こえます。should have は should の語尾の d と ave がつながり shudave のように聞こえ、さらに、くだけた言い方であったり、早口になると shuda と聞こえます。同様のパターンに could have、would have があります。

did you

意味 ～した？

実際はこう聞こえる ➡ **di ju**

Listen carefully!

CD 48

①あの映画観た？

Did you see that movie?
di ju

②お誕生日にお母さんに電話をした？

Did you telephone your mother to wish her a happy birthday?
di ju

③あの展覧会、見に行った？

Did you go to the exhibition?
di ju

④あのスキャンダラスなニュースを聞いた？

Did you hear the scandalous news?
di ju

⑤そのシャツにアイロンをかけたかい？　くしゃくしゃだよ。

Did you iron that shirt? It's all wrinkled!
di ju

リスニングUPのポイント

d で終わる単語と you がつながって、ju あるいは ja の音になるパターンです。また、さらにくだけた言い方であったり、早口だと did の音も消えて聞こえないこともあります。Ju ／ Ja go home late last night?（昨晩は遅く帰ったの？）といった具合です。

forget it

意味 もういいよ

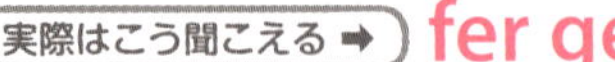

fer gedit

Listen carefully!

①もういいよ。
Just forget it.
fer gedit

②絶対もう忘れないでね。
Don't forget it again!
fer gedit

③絶対忘れないって約束するわ。
I promise I'll never forget it.
fer gedit

④忘れてちょうだい。たいしたことじゃないのよ。
Forget it. It's not important.
fer gedit

⑤決して忘れないでくださいね。
Please don't ever forget it.
fer gedit

リスニング UP のポイント

forget の t と it がつながって聞こえるパターンです。eat it、cut it、got it も同様です。意味は「忘れる」ですが、何かを言いかけて忘れてしまったときやその話題に触れたくない、蒸し返されたくない、諦(あきら)めの心境で「もういいよ」というときなどに forget を使うことがよくあります。

might have

意味
～だったかもしれない

実際はこう聞こえる ➡ **maida**

Listen carefully!

CD 49

①彼を見たかもしれないけど、覚えてないな。
I might have seen him but I don't remember.
maida

②彼が間違って捨ててしまったのかもしれない。
He might have thrown it away by accident.
maida

③人を愛したことはある。でもこの愛は今までとは違うんだ。
I might have been in love before but this is different!
maida

④見ていないときにあの子が食べたのかもしれないよ。
She might have eaten it when we weren't looking.
maida

⑤それを盗んだのは彼らだったかも。
They might have been the people who stole it.
maida

リスニングUPのポイント

110ページのshould haveと同じでmaidaveに変わり、さらに、くだけた言い方あるいは早口になると、maidaと聞こえます。またmaitaと聞こえることもあります。この変化はhaveが強調されない場合に起こります。ここでのhaveは過去を表す記号のようなもので、might（～かもしれない）と一緒に使われると「～だったかもしれない」という意味になります。

had it

意味 ～した

実際はこう聞こえる ➡ **ha dit**

Listen carefully!

CD 50

① もうたくさん！
I've had it!
ha dit

② さいわい、子どもの頃に済ませたんです。
Fortunately, I've already had it as a child.
ha dit

③ 私がそれを持っていることを誰も知らなかったの。
Nobody knew that I had it.
ha dit

④ あのスーパーマーケットにしか置いてなかったわ。
That was the only supermarket that had it.
ha dit

⑤ 誰が持っていたのよ？
Who had it?
ha dit

リスニングUPのポイント

語尾のdの後にitがくると、つながってditの音になって聞こえます。find it、send itも同じように変化して聞こえます。had itはそのまま使われるとitは「嫌なもの」を指し、例文の1番目のようにI've had it! と言ったら、堪忍袋の緒(お)が切れて「もういい！」ということになります。

for

意味 ～間、～のため

実際はこう聞こえる ➡ **fer**

Listen carefully!

CD 50

① 革のジャケットを探しているんだ。
I'm looking for a leather jacket.
fer

② 彼は2万円でそれを売ってくれると言ったよ。
He said he would give it to us for twenty thousand yen.
fer

③ 2、3週間待てるなら交渉はできます。
If you can wait for a few weeks, I could negotiate it.
fer

④ 新しいのはいくら？
How much for a new one?
fer

⑤ 妻に何を買ってあげようかな？
What can I get for my wife…
fer

リスニングUPのポイント

for は文頭にくる場合や強調されるとき、ていねいに話すとき、ゆっくり話すときなどは for の音のままに聞こえますが、くだけた日常会話では fer と聞こえます。for には「～間」「～のため」「～の代わりに」などさまざまな意味がありますので、上の例文でどんな意味で使われているのか参考にしてください。

all of it

意味 全部

al uvit

Listen carefully!

CD 51

①全部欲しい！
I want all of it!
al uvit

②欲しかったら全部持っていっていいよ。
You can take all of it if you want.
al uvit

③嘘でしょう？　これで全部？
You're joking. Is this all of it?
al uvit

④今、全部持っていないんです。
I don't have all of it with me right now.
al uvit

⑤あの娘が全部持ってるわ。
She has all of it.
al uvit

リスニングUPのポイント

all の ll の音は弱く発音されるので、all of は alve と聞こえます。また、of の後に母音で始まる it がきているので、これらがつながって vit と聞こえます。そのため全体では al uvit のように聞こえるのです。よく使われるフレーズなので耳を慣らしておきましょう。

make it

意味 作る、間に合う

実際はこう聞こえる ➡ **maykit**

Listen carefully!

CD 51

①間に合うかどうかわからない。
I don't know if I can make it.
maykit

②空港にはタクシーで行くしかありません。
The only way you'll make it to the airport is by taxi.
maykit

③その作り方を教えてくれる？
Will you teach me how to make it?
maykit

④彼女、締切に間に合わないよ。
She's not going to make it by the deadline.
maykit

⑤今年は誰が成功するかな？
Who will make it this year?
maykit

リスニングUPのポイント

make の語尾の音 k が、後にくる it とつながって maykit と聞こえます。make の過去形 made の場合も音がつながり made it → maydit と聞こえます。「待ち合わせる」「成功する」「（電車などに）間に合う」などいろいろな意味を持ち、とてもよく聞くフレーズです。

has to

意味 〜しなければならない

実際はこう聞こえる ➡ **hasta**

Listen carefully!

CD 52

①今度は誰が行かなくちゃいけないの？
Who has to go now?
hasta

②彼は教育の重要性を理解しなければいけないわ。
He has to understand the importance of education.
hasta

③彼女は今晩テスト勉強をしないといけないの。
She has to study for her test tonight.
hasta

④誰かお手洗いに行きたい人は？
Is there anyone here who has to use the bathroom?
hasta

⑤望む望まないにかかわらず、クラス全員が出席しないといけない。
Everyone in the class has to attend whether they want to or not.
hasta

リスニングUPのポイント

to は ta という音になりますから、has to も hasta に聞こえます。「〜しなければならない」という意味ですが、否定文は「〜してはならない」ではなくて、「〜しなくてもよい」という意味になりますから注意してください。

thinking

意味 考える、思う

thin kin

Listen carefully!

CD 52

①ちょっと考えていたんだけど……、家を買おうよ。
I was just thinking… Why don't we buy a house?
thin kin

②いつも君のことを思っているよ。
I'm always thinking about you.
thin kin

③ずっとその問題のことを考えているんだ。
I've been thinking a lot about the problem.
thin kin

④まだ考えているの？
Are you still thinking?
thin kin

⑤もっと頭を使え！
Start thinking!
thin kin

リスニングUPのポイント

もう何度も出てきましたが、ingのgの音は消えてしまいます。thinkingは「考える」という意味ですが、よく考えず何かを言う、あるいは相手を傷つけてしまったときなど、I'm sorry. I wasn't thinking.（ごめんなさい。考えが足りなかったよ）などと言って謝ります。そんなときはThat's O.K. I forgive you.（大丈夫、許してあげる）と言ってあげましょう。

SOAP OPERA

David: I'm really going to miss you. I don't know how I'm to go on without you.

Emily : Things should have turned out differently. Did you ever think a day like this would ever come?

David: Let's just forget it all and… let's go to… to Hawaii.

Emily : I remember how we used to just take off like that. It might have worked out for us had it not been for…

David: Let's leave all of it behind us. We can start over. Make it work. Come on.

Emily : We've talked about it and talked about it… something drastic has to change in order for us to make it.

David: What are you thinking?

Emily : I guess we're still in love, aren't we.

David: Yes. Let's make it work this time. We can.

昼ドラ

デービッド：君がいなくなるなんて耐えられない。君なしでどうやって生きていけばいいかわからない。

エミリー　：こんなことになってしまうなんて。こんな日がくるなんて考えたことあった？

デービッド：そんなことは全部忘れて……。行こう、ハワイへ。

エミリー　：昔はそうやって、思いつきで旅行したものね。あんなことさえなければ、うまくいっていたかも知れないのに。

デービッド：過去のことは忘れて、初めからやりなおそうよ。うまくいくよ、そうだろう？

エミリー　：そのことは何度も話し合ったじゃないの。何か大きな変化でも起こらない限り、うまくはいかないのよ。

デービッド：何を考えているんだい？

エミリー　：私たち、まだ愛し合っている、そうじゃない？

デービッド：そうだ。今度こそできるとも、やりなおそう。

ちょっと ひといき（4）

平日の昼間に放映されるテレビの連続ドラマ（昼ドラ）のことを、英語では soap opera といいます。でもなぜ soap がつくのだろうと思った人も多いのではないでしょうか。これは昼ドラを視聴する多くの人が主婦に集中していることによります。主婦層をターゲットにしたスポンサー（広告主）が番組につきやすく、ＣＭを注意深く見てみると、やはり洗剤や掃除用具といった家庭用品からせっけん（soap）、美容液といった美容用品が多く目につきますね。もとは1920年代の米国のラジオ放送で主なスポンサーがせっけん会社であったことに由来します。

what's up

just trying to

old

help you

is he

into

who are you/
who do you

pick up

in an hour

could you

him

you

good dog

see you

what's up

意味 どうしている

実際はこう聞こえる ➡ **wa tsup**

Listen carefully!

CD 54

①どうしている？
So, what's up?
wa tsup

②彼どうしたの？
I can't figure out what's up with him.
wa tsup

③管制塔で何かあったのか？
What's up at the control tower?
wa tsup

④あのクラスはどうなっているのか教えて。
Tell me what's up with that class.
wa tsup

⑤今度はなあに？
Now what's up?
wa tsup

リスニング UP のポイント

what's up は日常会話では、ひとつの単語のようにひと口で発音されます。what's の wha の部分は非常に弱く発音され、場合によっては聞こえないこともあります。もともと「何が起こっているの？」という意味ですが、転じて「最近どう？」という挨拶として、とてもよく使われています。非常にくだけた言い方なので、上司など目上の人に対しては使われません。

just trying to

意味
ただ～しようとしているだけ

実際はこう聞こえる ➡ **jus tryinta**

Listen carefully!

CD 54

①生活費内で暮らそうとしているだけさ。
I'm **just trying to** make ends meet.
jus tryinta

②友達だから言っているんだよ。
I'm **just trying to** be your friend.
jus tryinta

③あの子は手伝おうとしているだけだよ。
She's **just trying to** help.
jus tryinta

④彼は単に注目を集めたいだけさ。
He's **just trying to** get attention.
jus tryinta

⑤彼らはひたすら出世を目指しているのさ。ただそれだけだよ。
They're **just trying to** make it to the top, that's all.
jus tryinta

リスニングUPのポイント

just の語尾の t の音は消えてしまいます。trying の g も聞こえなくなりますし、to は ta に変わるので、この 3 つの単語は jus tryinta のように聞こえます。「ただ～しようとしているだけ」という意味です。

old

意味 古い

実際はこう聞こえる ➡ **ol**

Listen carefully!

CD 55

①NCOクラブで遊んでいた楽しかった頃を覚えている？
Remember the good old days we used to have at the NCO club?
(old → ol)

②古いカーペットだから気にしないで。
It's just an old carpet so don't worry.
(old → ol)

③古い45回転のレコードはありませんか？
Do you have any of those old forty-fives?
(old → ol)

④あれはアメリカの古いクルマよ。
That's an old American car.
(old → ol)

⑤何年も古い西部劇を見ていないわ。
I haven't seen an old Western in many years.
(old → ol)

リスニングUPのポイント

old の d は聞こえず ol のように聞こえます。good old days（古きよき時代）や old pal（旧友）など懐かしさを込めて使われることがよくあります。アメリカの国旗、星条旗は Old Glory といい、かつて流行(はや)ったものは old fashioned といいます。

help you

意味 ～を手伝う

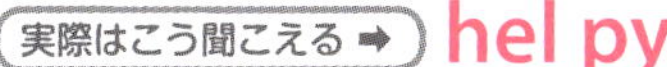

hel pyu

Listen carefully!

CD 55

①おうかがいしましょうか？
May I help you?
hel pyu

②よかったらお手伝いさせていただきたいのですが。
If you don't mind, I'd like to help you.
hel pyu

③お探しものがございましたら、お申し付けください。
If there is anything I can help you find, let me know.
hel pyu

④その重そうな荷物を運ぶのを手伝いますよ。
Let me help you with that heavy-looking package!
hel pyu

⑤誰か手伝ってくれた？
Did anyone help you?
hel pyu

リスニングUPのポイント

p で終わる単語の後に you や your がくると、つながって pyu、pyur の音に変化します。Keep your sense of humor.（ユーモアのセンスを忘れないで）、Don't drop your change.（おつりをおとさないでね）でも同じように音の変化が起こります。

is he

意味 彼が

実際はこう聞こえる ➡ izzy

Listen carefully!

CD 56

①彼があなたのボーイフレンド？
Is he your boyfriend?
izzy

②彼はいつもあんなに失礼なの？
Is he always that rude?
izzy

③彼って若いの？
Is he young?
izzy

④彼って自分で言うほど優秀なの？
Is he as good as he says he is?
izzy

⑤あの方はいいお医者さまですか？
Is he a good doctor?
izzy

リスニングUPのポイント

he は日常会話の中では h の音が消えて iy と聞こえます。これが前の is の z の音とつながって izzy と聞こえます。同じように his → iz、him → im、her → er と h の音が消えてしまいます。

into

意味 ～の中へ

実際はこう聞こえる ➡ **inta**

Listen carefully!

CD 56

①彼女は今、お料理に凝(こ)っていて嬉しいな。
I'm so happy she's into cooking now.
inta

②彼女が今、ヨガに熱中しているなんて信じられないよ。
I can't believe she's into yoga now.
inta

③部屋に入って全部のドアに鍵をかけなさい。
Go into the room and lock all the doors.
inta

④今すぐプールに飛び込みたい！
I want to jump into the pool right now!
inta

⑤特別な許可がない限り、立ち入りは禁止されているんです。
You can't go into there without special permission.
inta

リスニングUPのポイント

into は単語ですが、後ろの to が ta の音に変化します。通常、into は「～の中へ」という意味ですが、例文の２番目のように be into で「～に熱中している」という意味になります。

who are you / who do you

実際はこう聞こえる ➡ **huu ya**

意味　誰ですか

Listen carefully!

CD 57

①誰とインターネットで話しているの？
Who are you talking with over the internet?
huu ya

②この家で誰が稼(かせ)いでいると思っているの。
Who do you think pays the bills around here?
huu ya

③誰が大賞を獲(と)るって賭(か)けたの？
Who are you betting on to win the grand prize?
huu ya

④どっちがテニスが上手と思う？
Who do you believe is better at tennis?
huu ya

⑤自分に嘘ついてもダメ。
Who are you trying to fool?
huu ya

リスニング UP のポイント

文法的に正しいとは言えませんが、who are you は日常会話ではよく使われる表現で、非常に気楽な場では who you あるいは who ya の形に縮まって聞こえます。ただし、「あなたは誰ですか？」の意味で Who are you? という場合は、you が強調されますので Who ya? とは言いません。

pick up

意味 選び出す

実際はこう聞こえる ➡ pi kup

Listen carefully!

CD 57

①小さなおもちゃを全部片付けなさい。
Pick up all your little toys!
pi kup

②新しい小型トラックを買ったんだ。
I bought a new pick-up truck.
pi kup

③ピックアップスティックスっていうゲームを知ってる？
Do you know the game Pick-Up Sticks?
pi kup

④彼女がおごることになった。
She had to pick up the tab.
pi kup

⑤彼が子どもの後片付けをしなければならないんだよ。
He must pick up after the kid.
pi kup

リスニングUPのポイント

kで終わる単語の後にupがくると、つながってpick up → pi kup、break up → brey kup、make up → may kupと聞こえます。pick upは日本語ではよく「選び出す」の意味で使われますが、英語ではそのほかに「迎えに行く」「荷物を拾う」などの意味でも使われます。

in an hour

意味 1時間で

実際はこう聞こえる ➡ in nan nawer

Listen carefully!

CD 58

①1時間ほどで着きます。
I should be there in an hour.
in nan nawer

②彼は1時間後に来ます。
He will come in an hour.
in nan nawer

③1時間後にすべて復旧するとお約束します。
I promise, in an hour, everything will be back to normal.
in nan nawer

④写真は1時間後に出来上がります。
Your photo will be ready for pick up in an hour.
in nan nawer

⑤1時間もすればすべて終わるわ。
In an hour from now, it will all be finished.
in nan nawer

リスニングUPのポイント

in と母音で始まる an がつながって in nan に、さらに母音で始まる hour が続くので、全体で in nan nawer と聞こえます。in an apple、in an earthquake、in an instant、in an oven なども同様です。意味は「1時間後」です。「1時間以内」と言うときは within an hour です。

could you

意味 ～していただけますか

実際はこう聞こえる ➡ **cu ju**

Listen carefully!

CD 58

①明日はいつもより早く来てくれますか？
Could you come in earlier than usual tomorrow?
cu ju

②よくもそんなことができるよね。
How could you do such a thing!
cu ju

③用意できるまで、外で待ってて。
Could you please wait outside until I'm ready?
cu ju

④早くーっ！
Could you hurry?
cu ju

⑤これを会社に持って行ってもらえますか？
Could you take this to the office for me?
cu ju

リスニング UP のポイント

d で終わる単語の後に you がくるとつながります。would you → wu ju、should you → shu ju も同様です。また ju は ja と聞こえることもよくあります。could you は「～していただけますか？」という意味で、ていねいに依頼するときによく使われます。Could you do me a favor?（お願いしてもいいかしら？）はとってもよく耳にするフレーズです。

him

意味 彼に

実際はこう聞こえる ➡ **im**

Listen carefully!

CD 59

① 今度はあの人に何て言えばいいの？
What should I tell him this time?
im

② 彼に本当のことを言いなさい。
Just tell him the truth.
im

③ あれが彼？
Is that him?
im

④ 昨日の夜、彼に何を言ったと思う？
Guess what I told him last night!
im

⑤ 彼女は彼に家までクルマで送ってと頼んでいた。
She asked him to drive her home.
im

リスニング UP のポイント

ここでも h の音はハッキリ発音されないので、日常会話では him は im に聞こえます。また hour（時間）、honor（栄誉）、honesty（誠実さ）、herb（ハーブ）というように、書き言葉では h があっても実際にはまったく h が発音されない単語もあります。

you

意味 あなた

実際はこう聞こえる ➡ ya

Listen carefully!

CD 59

①大好きだ。
I love you!
ya

②それ取ってくれない？
Will you pick it up for me?
ya

③切手はどこで買うの？
Where do you get the stamps?
ya

④お金をくれたら買ってきてあげるよ。
I'll go get it for you if you give me the money.
ya ya

⑤ちょっとスーツケースを見ていてもらえますか？
Will you watch my suitcase for a minute?
ya

リスニングUPのポイント

youの音の変化には次の4つのパターンがあります。(1)語尾のdとつながってjuあるいはjaの音になる。(2)語尾のtとつながってchaまたはchuの音になる。(3)その他の子音とつながる。miss you → mi shu、thank you → than kyuなど。(4)単独でyaという音になる。

good dog

意味 お利口な犬

実際はこう聞こえる ➡ goo dog

Listen carefully!

CD 60

①いい子だねえ。
You're such a good dog.
goo dog

②ゴールデンレトリーバーはいい犬よ。
A golden retriever is a good dog.
goo dog

③どんな犬を飼ったらいいと思う？
What do you think is a good dog to get?
goo dog

④お利口だね。
Good dog!
goo dog

⑤あそこの犬はお行儀がいいの、いい犬よ。
Their dog has good manners. He's a good dog.
goo dog

リスニングUPのポイント

good dogのように、前の単語の語尾と次にくる単語の頭の音が同じ場合、日本語の「っ」が入ったようにつまって聞こえます。mink coat、good dance、top player、fat turkeyなどがそうです。

see you

意味 また会おう

seeya

Listen carefully!

CD 60

①じゃあ、明日。
See you tomorrow!
seeya

②また会えるだろうか？
Will I ever see you again?
seeya

③また来週、月曜日に。
Have a good weekend. See you Monday.
seeya

④このプロジェクトが終わったら会おう。
I'll see you when I finish this project.
seeya

⑤バイバイ！
See you!
seeya

リスニング UP のポイント

see you はきわめてよく使われる別れの挨拶ですが、これも、日常ごく気軽に話すときに see ya と聞こえます。see が強く発音され ya は弱く発音されます。手紙でもこのつづりのまま See ya. と書かれることがよくあります。

IN THE GARAGE –"What's up, Dad!"

Joel : Hey, Dad, what's up?

Paul : Oh, nothing much. Just trying to fix the old car again.

Joel : You want me to help you there?

Paul : No, it's OK. Thanks.

Joel : Say, Dad, is he going into town today?

Paul : Who are you talking about?

Joel : Jim.

Paul : Yeah, he's going to pick up some old spare parts for me in an hour or so.

Joel : Could you ask him if I can ride along with him? I need to get some pet food.

Paul : Of course he wouldn't mind. Bring the dog, too, if you like.

Joel : He's such a good dog.

Paul : Thanks, see you later!

ガレージで—ハイ、パパ。何してるの?

ジョエル：ハイ、パパ。何しているの？

ポール　：いや、別に。また古いクルマを修理しようとしているだけさ。

ジョエル：手伝おうか？

ポール　：いや、いいよ。ありがとう。

ジョエル：あのね、パパ。あの人、今日街に行くかな？

ポール　：誰のことだ？

ジョエル：ジムだよ。

ポール　：ああ。1時間くらいで古い部品のスペアを買いに行くことになっているんだ。

ジョエル：一緒に乗せてってもらえないか聞いてくれないかな。犬の餌を買わなくちゃいけないんだ。

ポール　：もちろんいいって言うよ。よかったら犬も連れておいで。

ジョエル：ホント、いい子だものね～。

ポール　：ありがとう。じゃあまた後でな。

ちょっと ひといき（5）

前ページの会話文はガレージでお父さんが自動車いじりをしているアメリカの典型的なワンシーンです。よっぽど都会に住んでいないかぎり国土が広いアメリカではマイカーが無くてはなりません。免許証がまだない若者は前ページのように hitch a ride、誰かの自動車に乗せてもらわないかぎり遠くにはいけません。そう、hitchhiking の "hitch" です。意味は「くっつく」「くくりつける」「飛び乗って一緒に動く」。パパの仕事仲間のピックアップトラックに少年と大きな犬が hitch a ride して街まで連れていってもらうというシーンです。よく映画なんかにもトラックの荷台に大型犬が乗っているのを目にしませんか？

doing

asking

fixed

don’t know

working on

in for a

get them

about you

back to

didn’t know

that you

last year

would have

get over

best of

keep up

doing

意味 ～している

dooin

Listen carefully!

CD 62

① 何しているの？
What are you doing?
dooin

② 自分が何をしているかわかってるの？
Are you sure you know what you're doing?
dooin

③ 誰も自分が何をしているかわかっているとは思えない。
I don't think anybody knows what they're doing.
dooin

④ 妻は元気にしています。どうも。
My wife's doing fine, thanks.
dooin

⑤ ボスが戻るまで何もすることがない。
I'm not doing anything until the boss comes back.
dooin

リスニングUPのポイント

よく見知った人同士のカジュアルな会話でよく耳にする音です。doing の前が you're や they're のように短縮形になっています。決まり文句的に早口で言うことが多いフレーズです。

asking

意味 尋ねている

実際はこう聞こえる ➡ askin

Listen carefully!

CD 62

① 彼はあなたの許しを請(こ)うつもりよ。
He's asking for your permission.
askin

② 尋ねることに害はないでしょう？
There's no harm in asking, is there?
askin

③ 順調かどうか尋ねていたんだ。
I was asking if it's all right.
askin

④ 彼女が頼まない限り、僕は教えないよ。
If she's not asking, I'm not telling.
askin

⑤ 結婚しているかって聞きたいの？
Are you asking me for my hand in marriage?
askin

リスニングUPのポイント

askには、何か情報を求めるときのask、何かを欲しいというときのask、誰か（どこか）を訪ねるときのaskと、簡単に手に入るを意味するfor the askingという使い方があります。最後のgは発音されません。

fixed

意味 なおす

実際はこう聞こえる ➡ **fixt**

Listen carefully!

CD 63

①私は電話を修理しなければいけない。
I need to get my phone fixed.
fixt

②先月３度もこのクルマを修理に出したんだ！
I've had to get this car fixed three times last month!
fixt

③このレスリングの試合は八百長（やおちょう）の気がする。
I get the feeling that this wrestling match is fixed.
fixt

④これを修理にもっていってくれない？
Can you get this fixed for me?
fixt

⑤みんなの目がその選手に釘づけになっていた。
Every one's eyes were fixed on the athlete.
fixt

リスニングUPのポイント

fixed の ed がほとんど聞こえるか聞こえないかくらいの音になり、d が t とかすかに聞こえます。「なおす・修理する」「八百長」「引きつけては離さない」といった意味があります。

don't know

意味　～を知らない

実際はこう聞こえる ➡ dunno

Listen carefully!

CD 63

①私は単にわからない。
I simply don't know.
dunno

②ただ私はもうこれをやり続けられるかわからないのよ。
I just don't know if I can do this any longer.
dunno

③そんなことができるのかしら。
I don't know if such a thing is even possible.
dunno

④あなたのことはよく知らないが、もうたくさんだ。
I don't know about you but I've had enough.
dunno

⑤私には答えがひとつもわからないので、マイクにきいて。
I don't know any of the answers so you'll have to
dunno
ask Mike.

リスニングUPのポイント

don't know を dunno と表現するのはマンガでもおなじみです。don't know のスラングとして辞書にも載っています。know の k はサイレント音で、don't の t も発音しません。

working on

意味 ～にたずさわる

実際はこう聞こえる ➡ wer kinon

Listen carefully!

CD 64

①私は今新しい本を執筆中です。
I'm working on a new book now.
wer kinon

②彼は今ペンキを塗っているところです。
They're working on the paint job.
wer kinon

③彼女はまだ原稿を書いている。
She's still working on the manuscript.
wer kinon

④彼は新しい場所に同意を取り付けようと妻に働きかけている。
He's working on getting his wife to agree to a new location.
wer kinon

⑤今誰もたずさわっていない。
No one's working on it at the moment.
wer kinon

リスニングUPのポイント

g は発音されず、n が前置詞 on とつながります。working on は「～にたずさわる」「～に取り組む」「～を説得する」と言いたいときに使うフレーズです。

in for a

意味 経験することになる

実際はこう聞こえる ➡ **info ra**

Listen carefully!

CD 64

①彼らは大きなショックを受けるよ。
They are in for a huge shock.
info ra

②陪審員にとっては大変な訴訟になりそう。
The jury is in for a wild case.
info ra

③今宵（こよい）、夫には特別なことが待っているわ。
My husband is in for a treat tonight.
info ra

④年が明ける前にそのレスラーはリベンジするだろう。
The wrestler is in for a rematch before the year is out.
info ra

⑤とても楽しいことが始まるよ。
You are in for a great time today.
info ra

リスニングUPのポイント

for の r と次の a がつながって ra と発音されます。in for a はとてもさりげない言い回しで辞書で見つけにくいのですが、実際よく使われる表現です。これから何かを経験するであろうときに使います。

get them

意味 獲得する

実際はこう聞こえる ➡ **ge'm**

Listen carefully!

CD 65

①やっつけろ！　パンサーズ。
Go get them, Panthers!
ge'm

②目標を定(さだ)めてそれを手に入れなさい。
Set some goals and go get them.
ge'm

③まずは対話をさせること。
First we must get them to sit down and talk.
ge'm

④あなたのためにに半額で手に入れるわ。
I can get them for you at half price.
ge'm

⑤どこで手に入るのかな？
Where can I get them?
ge'm

リスニング UP のポイント

この場合、get の t、them の th がサイレント音となって、ge them → ge 'em → ge'm と音が縮められます。

about you

意味 あなたのこと

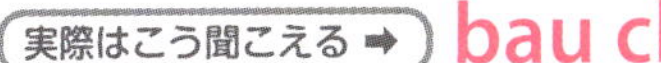

bau chu

Listen carefully!

CD 65

①あなたは？
How about you?
bau chu

②私はあなたについて何も知らない。
I don't know a thing about you.
bau chu

③君のことじゃないさ。
It's not about you.
bau chu

④いつも君は自分のことばかり。
It's always about you.
bau chu

⑤あなたのことすべてを話して。
Tell me everything there is to know about you.
bau chu

リスニングUPのポイント

aboutはaとtがとれて、早く話せば話すほどbau chuとしか聞こえません。

back to

意味 ～に戻る

実際はこう聞こえる ➡ **bakta**

Listen carefully!

CD 66

①また仕事に戻らないと。
It's back to the salt mines again.
bakta

②新学期前のセールに行った？
Have you been to the back-to-school sale?
bakta

③私たちみんな基本に戻る必要があります。
We all need to go back to the basics.
bakta

④君は１作目の『Back to the Future』を観た？
Did you see the first *Back to the Future*?
bakta

⑤実家に帰省します。
It's back to my parents' place again.
bakta

リスニング UP のポイント

to はあまり強調されず、音のストレスは back にかかります。そのためほとんど to が聞こえません。

didn't know

意味
～を知らなかった

din no

Listen carefully!

CD 66

①熱いなんて知らなかったよ。
I didn't know it was hot.
din no

②彼らは他に方法を知らなかった。
They didn't know any better.
din no

③私の母は男の子をどう育てていいかわからなかった。
My mom didn't know how to raise boys.
din no

④なぜそれを彼女は知らなかったのかしら。
How come she didn't know about it?
din no

⑤最善の方法を彼女は知らなかった。
She didn't know the best way.
din no

リスニングUPのポイント

did not は didn't → dint → din と短く発音され、その音の速さのまま know も no というふうに聞こえます。

that you

意味　あなたが～したこと

実際はこう聞こえる ➡ **thachu**

Listen carefully!

CD 67

① 彼は君があのワインを持ってきたことを知っているのかい？
Does he know that you brought the wine?
thachu

② あなたがアーティストになるなんて誰が想像したでしょう。
Who would have imagined that you would become an artist.
thachu

③ 私は君がレースに勝つことをいつだって信じていた。
I always believed that you would win the race.
thachu

④ 僕の料理を好んでくれて嬉しいよ。
I'm glad that you liked my cooking.
thachu

⑤ 褒めてくれなくてがっかりした。
I was disappointed that you didn't compliment me.
thachu

リスニングUPのポイント

t + you で chu になるパターンですね。センテンスの中では that を省いてもいいくらいなので、さらっと音をつなげます。

last year

意味 去年

実際はこう聞こえる ➡ las cheer

Listen carefully!

CD 67

①私たち、昨年のこの時期はフロリダにいたの。
Last year this time we were in Florida.
las cheer

②この大学で過ごす最後の年かい？
Is this your last year at this university?
las cheer

③僕は去年のパーティーにもあのスーツを着たんだ。
I wore that suit to the party last year, too.
las cheer

④彼にとって日本で過ごす最後の年です。
It's his last year in Japan.
las cheer

⑤去年私は行きました。
I went last year.
las cheer

リスニング UP のポイント

何度も耳にする語なので、かたまりで覚えてください。last year は昨年、一方 final year は最後の一年の意味で、こちらは濁（にご）りません。

would have

意味 ～したであろう

実際はこう聞こえる ➡ **wuda**

Listen carefully!

CD 68

①できるのであれば、したさ。できなかったのさ。
I would have if I could, but I couldn't.
wuda

②彼は私で最後にしたと思う？
Do you believe he would have finished with me?
wuda

③私が止めなきゃ彼はそれを全部食べてちゃうところだった。
He would have eaten it all if I hadn't stopped him.
wuda

④あそこにサインがなかったら、彼女は転んでいたでしょう。
She would have fallen down if the sign wasn't there.
wuda

⑤誰もそんなこと思ってもみなかった。
No one would have guessed such a thing.
wuda

リスニングUPのポイント

would の ld はサイレント音、have は縮まって have → ave → da となります。would の wou（ウッ）は強く発音します。「～だったら～しただろうに」という仮定を表すときに使う表現です。

get over

意味 立ち直る

ge dover

Listen carefully!

CD 68

①あなたはそれを乗り越えなければならないだけ。
You'll just have to get over it.
ge dover

②失恋から立ち直るには何がベスト？
What's the best way to get over a broken heart?
ge dover

③早く気持ちの整理をつけたいわ。
I hope that I can get over all of this soon.
ge dover

④この悲劇から立ち直ることができるのか、私にはわからない。
I don't know when I'll be able to get over this tragedy.
ge dover

⑤今すぐここに来なさい！
Get over here right now!
ge dover

リスニングUPのポイント

get の t が次の over の o につながり、勢いよく ge dover と発音されます。
get over は「乗り越える」「打ち勝つ」「平常に戻る」という意味です。

best of

意味　最大の～

実際はこう聞こえる ➡ **bes tuv**

Listen carefully!

CD 69

①最大の幸運を坊やたちに。
The best of luck to the boys.
bes tuv

②私の知っている限りでは、それが実現するとは思えない。
To the best of my knowledge, I don't believe it's possible.
bes tuv

③君は本当に最高だ。
You are the best of the best.
bes tuv

④他の誰よりも彼女がいい。
She is the best of them all.
bes tuv

⑤東京で一番さ。
The best of Tokyo.
bes tuv

リスニングUPのポイント

of は ov と聞こえ、best of は bes tuv と聞こえます。もっと速くなると besta になります。

keep up

意味 ついていく

kee pup

Listen carefully!

CD 69

①最新技術にはついていけないわ！

I can't keep up with all the new technology!
kee pup

②前向きな考えを持ち続けなさい。

Keep up the positive thoughts.
kee pup

③私は運動を続ける必要がある。

I need to keep up with my exercise program.
kee pup

④素敵なアイデアを出し続けて。

Keep up the wonderful ideas.
kee pup

⑤たくさんの宿題についていく自信がない。

I don't know how I'm going to keep up with all the homework.
kee pup

リスニングUPのポイント

keep の kee（キー）の部分は長く発音され、up は短くクイックに発音されます。kee pup です。

A NEW PATH

CD 70

Sarah: Hi, how are you doing?

Bob : 'Couldn't be better, thank for asking.

Sarah: Did you get your iPad fixed?

Bob : Yeah, you don't know how relieved I am.

Sarah: I heard you've been working on a new app.

Bob : Uh hun. I can't tell you about it just yet but everybody's in for a big surprise!

Sarah: Go get them, Einstein!

Bob : So, tell me about you.

Sarah: I've gone back to school. I'm studying theology.

Bob : What? I didn't know you were into that kind of thing.

Sarah: I wasn't but I received my calling last year.

Bob : Well, who would have thought!

Sarah: I know. My mom still can't get over it.

Bob : I wish you best of luck on your new path.

Sarah: Thanks. Keep up the cool apps, too!

未来

サラ：やあ、調子はどう？

ボブ：最高だよ、ありがとう。

サラ：iPad はなおった？

ボブ：ああ、どれだけホッとしたことか。

サラ：あなた新しい app を作っているって聞いたの。

ボブ：まあね。まだ言えないけど、みんなが驚くぞ。

サラ：たのもしいね！　アインシュタイン。

ボブ：君のことも話せよ。

サラ：学生に戻ったんだ。神学を勉強しているわ。

ボブ：何だって？　知らなかったよ、君がその種のことに興味があったとは。

サラ：そうじゃなかったんだけどね。去年、天の声が聞こえたの。

ボブ：へえ、そいつは驚きだ。

サラ：でしょう？　母もびっくり。

ボブ：君の未来に幸運が訪れることを切に願う。

サラ：ありがとう。かっこいい app、いっぱい作ってね！

ちょっと ひといき（6）

携帯端末に無くてはならないのがappsです。appsとはスマートフォンやタブレットといった携帯端末にインストールするソフトのこと。今やありとあらゆるappsが登場し、こんなのがあればいいな～と思ったことはたいてい誰かがan appをつくってダウンロードできるように提供しています。アップル社が“There's an App for That”を商標登録したときには驚きでした。みんなが日常使っていたこのフレーズをゲットしたのですもの！　これからのappsはクオリティ・オブ・ライフに直結したアイデアで勝負。ニーズを追うのではなく、ニーズを生み出すビジネスですね。

映画

有名セリフを聴き取る

クリント・イーストウッド　『ダーティー・ハリー』

アル・パチーノ　『ゴッド・ファーザーII』

レイ・リオッタ　『フィールド・オブ・ドリームズ』

グレタ・ガルボ　『グランド・ホテル』

トム・クルーズ　『トップ・ガン』

トム・ハンクス　『フォレスト・ガンプ』

ビル・マーレイ　『ゴースト・ハンターズ』

ロバート・デ・ニーロ　『タクシードライバー』

ポール・ホーガン　『クロコダイル・ダンディー』

ジョニー・デップ　『パイレーツ・オブ・カリビアン』

CD 71

ya

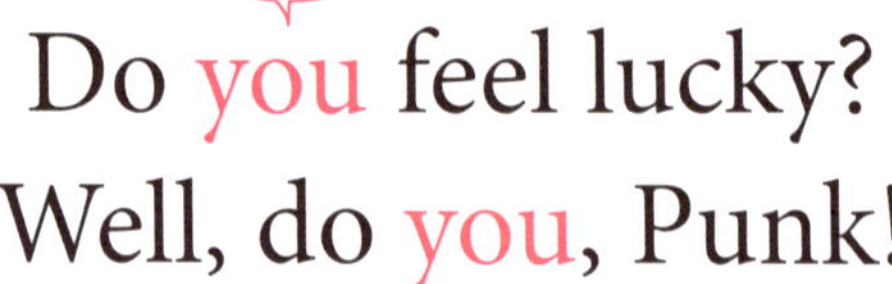

ハリー・キャラハン（クリント・イーストウッド）
『ダーティー・ハリー』より

ダーティー・ハリーがカッコ良すぎる！苦虫噛み潰したような顔がたまらなく渋い！“さそり”と名乗り、サンフランシスコを脅迫する殺人鬼と市警察の一匹狼、ハリー・キャラハン刑事の戦いを描いたクリント・イーストウッド主演の代表作からこのセリフ。Do you feel lucky? Well, do you, punk!（今日はツイてるか？どうなんだクソ野郎！）怪我をした銀行強盗に銃を突きつけて相手を弄(もてあそ)んでいるシーンで、犯人がそばにある銃の弾倉中にもう一発の弾丸が残っているかをあてさせようとしています。

訳　今日はツイてるか？どうなんだクソ野郎！

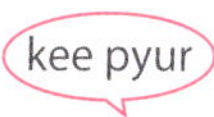

Keep your friends close, but your enemies closer.

buh chur

マイケル・コルレオーネ（アル・パチーノ）
『ゴッド・ファーザー　パートⅡ』より

アル・パチーノ扮するマイケル・コルレオーネが、自分の父親から習った言葉だと持ちだしたのが Keep your friends close, but your enemies closer.（友は近くに、敵ならなお近くに）というセリフ。生きていれば誰だって嫌いな人や付き合いづらい人というのが現れます。もちろんそういう相手と進んで付き合う必要はないのですが、敵対する必要もない。そういう意味で使われています。八方美人になれということではなく、感情的にならず、敵対するからこそ、友達より近い所に敵を置くことを心がける。そうすれば相手のことがよくわかり、対処のしようもあるというわけです。

訳　友は近くに、敵ならなお近くに

If you build it, he will come.

シューレス・ジョー・ジャクソン（レイ・リオッタ）
『フィールド・オブ・ドリームズ』

ある日 If you build it, he will come.（それを造れば彼が来る）という声を聞いた農夫（ケビン・コスナー）が、トウモロコシ畑を潰し、借金をして、野球場を造り始めます。信念に従って行動する農夫、そしてそれを見守る家族。信じることの尊さ、愛する人に寄り添う美しさを、ファンタジーの姿を借りて語りかけてくる感動作です。詩情豊かに描き上げられたセリフと演出が、じんわりと心に染みてきます。ジェームズ・ホーナーの音楽も素晴らしい。アメリカ映画 80 年代最後の傑作です。

訳 それを造れば彼が来る

CD 72

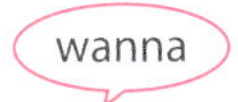

I want to be alone.

グルシンスカヤ（グレタ・ガルボ）
『グランド・ホテル』

大勢の登場人物が１つの場所で様々なドラマを繰り広げるグランドホテル形式の映画の元祖。メディアを嫌い、サービス精神があるとは言えない女優グレタ・ガルボの印象を決定付けたセリフがI want to be alone.（ほっといて）です。バレリーナ役の彼女は一人になりたいというこのセリフのように映画の中で孤独と憂（うれ）いを体現し、引退後もニューヨークの片隅でひっそりと一人、過ごしたそうです。

訳　ほっといて

CD 73

That's classified. If I tell you I'll have to kill you.

hafta

マーヴェリック（トム・クルーズ）
『トップ・ガン』

超エリートパイロットの養成機関を舞台に、血気盛んな主人公マーヴェリックの挫折とそこから這(は)い上がり大活躍する過程を描いた大ヒット作。ロックのリズムに乗せたテンポよい演出がしびれます。That's classified. If I tell you I'll have to kill you. というセリフは若きパイロットのマーヴェリックが新任の女性教官チャーリーに心奪われ、思わず放ったセリフ。（機密事項なんだ。もし話してしまったら、君を生かしておくわけにはいかない）という意味です。相手の質問にうまく答えられないときや答えたくないときに、話をはぶらかす表現です。

訳 機密事項なんだ。もし話してしまったら、君を生かしておくわけにはいかない

CD 73

lai ka

My mama always said life was like a box of chocolates, you never know what you're going to get.

gonna

フォレスト・ガンプ（トム・ハンクス）
『フォレスト・ガンプ』

母子家庭に生まれたフォレスト・ガンプは、母親の深い愛情と強い信念によって育てられます。IQ が低く、身体にも障害があったガンプは周囲から馬鹿にされますが、運命がもたらす不可思議な力によって、時代の英雄として歴史をかけめぐっていきます。Life is like a box a chocolates（人生はチョコレートの箱のようなものだ）この言葉は本当に心に染みます。アメリカのチョコレートは開けてみるまで中にどんなチョコレートが入っているかわからないものが多いのです。人生、開けてみなくちゃ、やってみなくちゃわからない！だから一生懸命やろうよ！というニュアンスで使われます。

訳 ママは言うんだ。人生はチョコレートの箱のようなものだって。開けてみなくちゃわからないって

CD 74

Back off, man. I'm a scientist.

ピーター・ヴェンクマン（ビル・マーレイ）
『ゴースト・バスターズ』

主人公ピーターがゴーストについて女性の図書館員を取り調べる過程で「あなた、今月経中ですか？」とセクハラ的質問をしたので、横にいる館長が「それが何の関係があるのですか？」と抗議したときにでたセリフ。Back off, man. I'm a scientist.（引っ込んでろ、オレは科学者だ）。アメリカの若い研究者などにはよく知られたセリフで、この文字が書かれたTシャツもたくさん売られています。俺に任せておけ、といったニュアンスの表現です。

訳　引っ込んでろ、オレは科学者だ

CD
74

talkin

You talking to me?

トラヴィス・ビックル（ロバート・デ・ニーロ）
『タクシードライバー』

映画『タクシードライバー』のロバート・デ・ニーロ。鏡に向かって「俺に言ってんのか？」と一人つぶやくシーンがカッコ良すぎる！退役軍人としてニューヨークの街でタクシードライバーを始めた主人公トラヴィスですが、夜の街を客を拾いながら走る中で、薄汚い社会の闇などを見聞し、しだいに心にいらだちを感じ始めます。このシーンはフランス映画『憎しみ』でもオマージュ的に登場するくらい有名で、主人公の孤独感といい、若き日のデ・ニーロといい、最高にクールな映画です。サントラも素晴らしい。シーンは職務質問されたときの答え方の練習中。

訳　俺に言ってんのか？

CD 75

tha ta

You call that a knife? That's not a knife. This is a knife.

nah ta　　iza

マイケル・クロコダイル・ダンディー（ポール・ホーガン）
『クロコダイル・ダンディー』

ワニが多数生息するオーストラリアの奥地で暮らすクロコダイル・ダンディーがひょんなことから訪れたニューヨークで騒動を巻き起こすアドベンチャー・コメディ作。文明の中に放り出された野性児というシチュエーション自体が笑えますし、カルチャー・ギャップにとまどうことなく我流を通す主人公ミック（マイケル）の性格がとにかく楽しい。このセリフは、ナイフをもったチンピラに金を出せと脅されるシーン。（君はそれをナイフと言うのか？それはナイフとは言わないぜ。これがナイフさ）と聞き心地のよいリズムで放つセリフです。野生児ミックは常識を疑うほどの大きなナイフをいつも服の中に忍ばせて歩いていたんです。

訳　君はそれをナイフと言うのか？それはナイフとは言わないぜ。これがナイフさ

CD 75

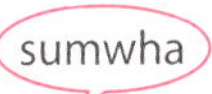

You seem somewhat familiar; have I threatened you before?

ha vai

ジャック・スパロウ船長（ジョニー・デップ）
『パイレーツ・オブ・カリビアン』

ディズニーランドの名物アトラクション“カリブの海賊”を壮大なスケールで映画化した人気海洋アドベンチャー。セリフは海賊ジャック・スパロウが「初めてではないようね。前にも君を脅さなかったっけ？」という女性をナンパしたときの表現です。一昔前の日本で「お茶しませんか？」が流行したのと同じニュアンスですね。海賊らしいジョークを交えたセリフです。

訳 初めてではないようね。前にも君を脅さなかったっけ？

INDEX

★著者紹介★

リサ・ヴォート　Lisa Vogt

アメリカ生まれ。アメリカ人の父と日本人の母をもつ。メリーランド州立大学で日本研究準学士、経営学学士を、テンプル大学大学院にてTESOL（英語教育学）修士を修める。専門は英語教育、応用言語学。2007年～2011年3月までNHKラジオ「英語ものしり倶楽部」講師。現在、明治大学・青山学院大学の講師を務めながら、異文化コミュニケーターとして通訳、翻訳、新聞・雑誌のエッセイ執筆など幅広く活躍。Asahi Weeklyに「Lisa's Eye on the Japan」、Mainichi Weeklyに「Inspiring Destinations」フォトエッセイ連載中。「On Lisa's Mind」エッセイ連載中。また、プロの写真家でもあり、世界6大陸50カ国を旅する。最北地は北極圏でのシロクマ撮影（BBC賞受賞）、最南地は南極大陸でのペンギン撮影。
著書『ネイティブ厳選 日常生活英会話まる覚え』『ネイティブ厳選 街の英会話まる覚え』（Jリサーチ出版）ほか多数。

カバーデザイン	滝デザイン事務所
本文デザイン／DTP	ポイントライン
イラスト	イクタケマコト
CD録音・編集	財団法人 英語教育協議会（ELEC）
CD制作	高速録音株式会社

J新書⑰

魔法のリスニング

平成23年（2011年）5月10日　初版第1刷発行
平成29年（2017年）4月10日　　　第10刷発行

著　者　リサ・ヴォート
発行人　福田富与
発行所　有限会社 Jリサーチ出版
〒166-0002　東京都杉並区高円寺北2-29-14-705
電　話　03(6808)8801㈹　FAX 03(5364)5310
編集部　03(6808)8806
http://www.jresearch.co.jp
印刷所　株式会社 シナノ パブリッシング プレス

ISBN978-4-86392-061-3